AF445538

Sueños Dormidos y Otros Dramas

Jesús Armando Peña Coral

(CHUCHO PEÑA)

SUEÑOS DORMIDOS Y OTROS DRAMAS

AUTOR :

Jesús Armando Peña Coral (Chucho Peña). 2019I

SBN: 978-958-48-7765-9

Primera edición: Diciembre de 2019

DISEÑO DE PORTADA:

Iván Darío Coral. Diseñador Gráfico

Correo de contacto:

CHUCHOTARQUI1@GMAIL.COM

CORRECCIÓN DE ESTILO:

Paula Bucheli,

Roberto Enrique izquierdo

Roberto Melo

Editorial: Cassetta Impresores - Pasto

San Juan de Pasto, Nariño, Colombia

CONTENIDO

Pág.

PRESENTACION

El teatro es tan antiguo como la humanidad; sin embargo, las primeras noticias que se tiene de este arte, como lo conocemos en Grecia en el siglo VI antes de Cristo, año 534 en Tespis, donde se hacía teatro en un carro ambulante, conocido como el Carro de Tespis. En Grecia; dos veces en el año, se suspendía toda actividad para ver teatro, y a medida que crecía el público se construían grandes teatros y los actores debían buscar formas para ser apreciados por todo el público; por lo tanto, comienzan a usar zapatillas y Máscaras, es de allí donde nacen estos artefactos para exaltar los rostros de los actores, quedando agigantados aunque grotescos, dando una apariencia sobrehumana.

La Comedia Dell 'Arte surge en el renacimiento como una respuesta al teatro de la elite, en Italia donde el teatro se lo consideraba sin alma, sin ingenio dramático y en el pueblo se estaba gestando una expresión artística llamada la Comedia Dell' Arte; fue algo diferente a todo lo que se había hecho anteriormente. Una de las características fundamentales era que los personajes fueron siempre los mismos en todas las obras y estas no estaban escritas, por lo tanto, los actores se apoyaban en argumentos esquemáticos para improvisar su parlamento y es donde surge el Arlequín, Brigbella, Polichinela. Los actores utilizaban máscaras con la intención de que prevalezca únicamente el personaje, con el tiempo la palabra Máscara se convertía en sinónimo de los personajes típicos de este género teatral, en la Comedia dell´Arte. Las máscaras eran hasta la narizpara que los actores puedan hablar.

Esto indica la dimensión importante que se obtuvo en el arte dramático quetenía una alta calidad estética, hoy se comprende el papel fundamental que tenía el teatro en la antigüedad. El teatro fue prohibido en el año 300 por la iglesia católica, debido a quesobre el límite del teatro, que es la representación y no la realidad, mataban a las personas en el escenario, se dice que el teatro es representación y cuando se lleva al escenario en términos reales cruza una frontera y se convierte en algo así como pornografía. En la teatralidadantigua de la Edad Media el 99% de los actores eran analfabetos. En el siglo X una monja retoma el teatro por la Iglesia y se hace un teatro misionero, se trataba los temas de Cristo si es hombre o Dios, era el mejor medio para evangelizar con el teatro y desde esa época no se ha podidoimpedir su práctica.

El teatro es una de las expresiones artísticas más antiguas, de igual manera, en la ciudad de Pasto tiene sus inicios desde la época precolombina con los indígenas que habitaban estas tierras que, de alguna manera, hacían sus representaciones en los rituales junto con sus danzas, y más adelante, con la invasión de los españoles, los mestizos logra un componente más europeo con el ritual, porque el arte de las tablas tiene sus orígenes en los mitos, ritos y leyendas; que le dan una importancia significativa.

El Grupo, Alturas Teatro nace por iniciativa de la Juventud Comunista Colombiana, regional Nariño, bajo la coordinación del maestro Leo Tovar, el 3 de julio de 1985. Más adelante obtendría su personería jurídica 044 de la gobernación de Nariño, como fundación. Teniendo en cuenta que en la época de los 80 y 90, el arte juega un papel fundamental en el desarrollo político y social frente a la fuerte violencia generada desde el mismo estado contra los dirigentes populares y partidos políticos de izquierda, el teatro se convierte, como decía Patricia Ariza, en el nervio político, no solo de Colombia sino, de Latinoamérica.

Desde entonces Alturas Teatro trabajó en el arte de las tablas brindando siempre al público Nariñense, unos momentos de recreación y a la vez llevando un mensaje de paz, lucha y esperanza, pretendiendo llegar más allá de los sentidos, a la inteligencia del espectador. El grupo participó en diferentes encuentros de teatro a nivel regional, nacional e internacional; en Cali, Bogotá, Medellín y en Quito, invitado por la casa de amistad con los pueblos. Recorrió los diferentes municipios de Nariño, en tres giras departamentales, fue un grupo independiente. En el sentido institucional del estado, hasta el 15 de febrero del 1994, se había realizado 15 puestas en escena. Se llevaron a cabo más de 25 montajes en sus años de vida; obras de diferentes género, y comedias; criticando el machismo y tragedias que hablan de los diferentes conflictos del ser humano, entre ellos, el político; donde el grupo hizo un gran aporte a la sociedad de Pasto. También ésta agrupación teatral incursionaría en el Carnaval de Pasto, con varias comparsas teatrales, escultóricas, con zancos; convirtiéndose en uno de los primeros grupos de teatro que participarían en más de 10 años consecutivos en comparsas con zanqueros en el carnaval de Pasto. "Teatro Alturas" fue exteriorizado con buenos resultados en gran parte delpaís. Este arte es alimentado por los diferentes elementos estéticos (danza, música, pintura), que ha contribuido, sustancialmente, en la parte estética y semiótica de todas las expresiones escénicas.

El autor

LA VITÁCORA DEL CARNAVAL

Esta obra fue inspirada en todas las vivencias con los carroceros, fue el aporte que le hizo al Carnaval, Alturas Teatro.

Mono 1 Es un duende. Mono 2: Es un duende.

JAIR : El maestro dueño de la carrosa, el artesano.

Jonio : Niño, hijo del maestro.

BEATRIZ : Esposa del maestro. Javier:

Empapelador, Fabio : Elabora estructuras.

Beti : Madre del artesano.

Carlos : Artesano.

Claudia : Ayuda en oficios varios, hace el café.

Martha : Turista.

Elementos escenográficos:

Una figura monumental y desproporcionada del carnaval de pasto, manufacturada en papel mache encolado, una olla usada para preparar café, estufa vieja, diferentes utensilios de cocina, dos mesas pequeñas hechas en madera, para modelar el barro, un caballete para dibujar, una escalera triangular, tres telones negros, una estructura en alambre del cuerpo de un muñeco, varias máscaras gigantes, tubos gigantes de ensayo.

NOTA PRELIMINAR

El escenario. Caja italiana, levemente iluminada, la obra se desarrolla, del primero al tercer acto, en un imaginado laboratorio grotesco de química, surrealista, todos los elementos que lo habitan son desproporcionados. A partir del cuarto acto el escenario se convierte en un taller clásico, donde los artesanos elaboran sus carrozas del Carnaval de Negros y Blancos de Pasto. Es un lote baldío adecuado y cubierto con plásticos. alista, tiene una atmosfera misteriosa al iniciar, que se va perdiendo en el tercer acto; logrando el naturalismo hasta el final de la obra. Los personajes son artesanos o artistas del Carnaval, su vestuario es ropa vieja manchada de pintura, llevan gorras, todo es muy carnavalero.

ACTO PRIMERO

En el escenario, sutilmente iluminado, se puede ver en el fondo unos desproporcionados tubos de laboratorio de química sostenidos en un estante de madera. Un caballete arcaico de dibujo en un extremo del escenario; cerca al proscenio, dos mesas pequeñas ubicadas también cerca del proscenio: una a la izquierda y otra a la derecha; que serán usadas para amasar y modelar el barro. En el centro del escenario una escalera triangular, en otro extremo habrá una olla vieja sobre una estufa también veterana, de la pared cuelgan algunas tasas viejas y chiltadas, al lado una talega de cernir café, al fondo del escenario en el ciclorama se cubren tres actores cada uno con un telón negro. Todo esto acompañado de una música suave, vital, mística.

Al cambiar el ritmo de la música un personaje, extrañamente vestido con un delantal blanco sobre un overol de trabajo del carnaval, aparece danzando la obra musical "La Guaneña". Lleva en su cabeza una máscara de carnaval muy colorida; en su mano porta una bandera blanca con un signo de interrogación, explora todo el espacio escénico con movimientos livianos rítmicos al son de la música.

Se detiene lentamente en el centro del escenario cerca al proscenio, deja la bandera en el piso y con movimientos lentos se despoja de la máscara dejando ver el rostro del personaje, quien posee: cabellos largos desordenados, unas diminutas gafas, es una analogía de un científico loco, esconde la máscara en el escenario. Se escucha otro ritmo de música, el personaje comienza a meditar, busca algo que al parecer perdió, se dirige dónde están los tubos de ensayo, extrae de ellos unas prendas de vestir muy coloridas, las lanza hacia arriba jugando; al mismos tiempo tratando de encontrar lo que buscaba, se coloca una prenda en la cabeza y corre por todo el escenario hasta agotarse; cae al piso, se despoja de la prenda de vestir que llevaba en la cabeza; luego mira con satisfacción al público, como si algo grandioso se le hubiera ocurrido. Gateando ligeramente busca en el piso un lápiz, solo encuentra un trozo delgado de carbón, se dirige al caballete y empieza a

trazar extraños garabatos que no se pueden descifrar; al mismo tiempo, de adentro de los telones, que estaban ubicados en el fondo del escenario, salen unas figuras semejantes a las que el maestro está dibujando en el caballete. Al momento en que deja de dibujar, las figuras o personajes se congelan, él, se desplaza pensativo hurgando con su mirada todo el lugar,luego regresa al caballete, continuo el trabajo de creación hasta perfeccionarlo, logrando dibujar el boceto de una carroza.

Los personajes que salieron del telón conforman la carroza o el boceto que dibujó el maestro, quien da su última puntada de satisfacción. Recoge el papel en que dibujó y lo dobla lentamente en el caballete. Salen dos gnomos de un escondite y doblan el telón del piso, de donde salieron los muñecos o personajes los envuelven con el resto de los personajes y se van perdiendo paulatinamente.

ACTO SEGUNDO

El maestro se acerca al anaquel donde están ubicados los desproporcionados tubos de ensayo, comienza a hacer curiosas mezclas de colores que extrae de los tubos y, como serpentinas, los desparrama por todo el escenario. En esos momentos, detrás de las pequeñas mesas, comienzan a aparecer los dos extraños seres, son gnomos o duendes alegres, hacen algunas piruetas, comienzan a buscar en el escenario elementos que el maestro necesita para la elaboración de la carroza. Todo aparece como por arte de magia en las manos de los duendes: alicates, martillos, serruchos que dejan cerca al maestro. Además, sacan del piso el barro para moldear las esculturas; después, de un extraño ritual de agradecimiento, dejan el barro en el centro de cada mesa y regresan jugando al lugar de donde salieron.

El hijo del artesano, menor de quince años, entra con un cuaderno en la mano, mira extrañado lo que su padre está preparando, la mezcla de colores, se sienta al extremo opuesto cerca al público, dibuja o escribe en su cuaderno. Detrás de la mesa se escuchan dos misteriosas voces que ignoran los dos personajes que están concentrados en sus labores. Dicen los dos al unísono:

Hijo del viento Nacido en los Andes

Entre valles y montañas Amamantando jaguares y cóndores Bajo los musgos dorados del sol.

Piel cobriza teñida de negro Desojando colores andinos En corolas de flores

Que retoñan en mascaradas. El ruiseñor y las guacamayas Arrullan con sus trovas los pueblos juguetones Que apresan risas vagabundas

Anidadas solo en el carnaval.

ACTO TERCERO

Entran los personajes, comienzan a templar el plástico formando un techo que cubre el lote, semejando el taller del artesano. Todo debe ser estético Luego, buscan otros objetos para continuar el trabajo, desaparecen los nomos que son invisibles para todos los personajes, que tampoco los pueden escuchar. NOMO 1: Un trozo de papel viejo y zurcido.

NOMO 2: Bocas llenas de mentiras, emergen de camisas blancas, con bolsillos escondidos.

NOMO 1:

Carnaval abierto sin límites en alienadas bocas ignorantes.

NOMO 2:

La pobreza se escurre en el papel, abrazando el barro impregnado en las cavernas oscuras de los laboratorios.

NOMO 1:

Ojos desparramados buscando el mejor ángulo de las figuras que se yerguen como llamas encendidas.

NOMO 2:

Cada artista que nace es una buena noticia, científicos chiflados, hombres cuerdos que se sumergen en la voluntad de ser ellos. Tierra desparramada, por la sociedad, arte de generaciones.

NOMO 1:

Reyes de papel prendidos al pie, de las agigantadas figuras que se ríen meneando un dedo o una cabeza para levantar los aplausos del Tumulto, que, como bandadas de elogios, yerguen el pecho del creador; el bolsillo roto, la olla vacía, corazones quebrados, envueltos en sueños efímeros. Que la ilusión no muera, que la noche no nos sorprenda con las manos limpias sin la imagen de los sueños, que vive por siempre en el vientre de la idea, que pronto se vestirá de colores, la creatividad no se doblega, se rodea de sueños, hombres nuevos se disfrazan.

ACTO CUARTO

Una mujer entra atemorizada, es joven y esbelta, no pierde de vista como dejaron el techo del taller, se dirige con cuidado al lugar donde instalaron la estufa, sobre ella junta las tazas envejecidas que se dispone a enjuagar; también, la chuspa de trapo de colar el café. Se traslada a un extremo del escenario donde se supone hay un grifo o dispensador de agua para estos menesteres.

CLAUDIA:

Si la vida se pudiera cernir como el café, amontonaríamos lo virtuoso, lo indecoroso y superficial se desguarnecería para siempre.

El maestro mira fijamente los muñecos, pero al hablar se dirige a todos, mientras está inventando una figura en barro.

MAESTRO:

Observan aquella mujer lozana y encantadora, hace lo que a nadie le parece trascendental, pero en realidad es, quizá, lo más importante, no únicamente para el estado corporal, también para el estado psíquico; más que una simple bebida cafeinica, es un espacio para el sosiego, los agotados cuerpos desdoblan las mentes.

CLAUDIA:

Si, cuando se derrumba la lluvia se arrastra toda la basura con el lodo podrido, para que no lacere a nadie.

JAIR:

Todos Abren su pensamiento a nuevas disyuntivas, futbol, política y por supuesto a los chismes.

CLAUDIA:

Dicen que la vecina de la esquina se va a divorciar, que su

marido es un infiel empedernido, que no cumple sus obligaciones matrimoniales. Es como si la vida se sumergiera en un laberinto lleno de extrañezas. (Les sirven café)JAIR: Nadie deduce que sin la ayuda de ese ser femenino, que muchas veces pasa de ser ignorado, a pesar de que nos ha proporcionado muchos breves, pero imperiosos, momentos de entretenimiento del alma, la laboriosa actividad artesanal difícilmente se consumaría con satisfacción.

CLAUDIA:

Les brindo esta bebida cafeinica recíbanla con fe y esperanza, la misma con que fue hecha, soñando que si se desea algo se debe teorizar todo lo bueno y lo malo que se vislumbre en el camino.

Después de un corto silencio mientras beben el café, ella recoge las tasasdiciendo:

CLAUDIA:

Es hora de continuar con la faena, el tiempo se está muriendo, seremos como las diminutas hormigas, que con paciencia y esfuerzo alcanzan susalucinaciones (sale).

ACTO QUINTO

Los hacendosos del carnaval cada uno desde su puesto, comienzan a murmurar frases confusas que no se pueden descifrar, inicialmente se escuchan como susurros, luego aumentan su volumen hasta llegar a convertirse en un acalorado altercado verbal. Se refleja la desesperación, la confusión, el cansancio tratando de vencerlos, cuando sus voces llegan al delirio convirtiéndose en gritos desesperados, se desploman como castillos de papel al piso, de donde levantan pesadamente sus cuerpos como si salieran de un sueño. Realizan graciosos ejercicios de estiramiento como cuando uno apenas se levanta, seguidamente continúan con su labor. Aparece una mujer que aparenta ser de la clase alta, presume de tener conocimientos culturales, los artesanos la miran con curiosidad y cierto agrado, que al conocerla, un poco, se va convirtiendo en desagrado, por su actitud fastidiosa.

MARTHA:

Hola maestros, buenos días ¿Se puede seguir sin importunarlos?

TODOS:

¡Buenos días! siga, siga. Es usted bienvenida a este humilde recinto carnavalero,(La mujer se acerca al primer artesano que encuentra trabajando mientras los demás la miran solo con el rabo del ojo) desde afuera uno especula que los artesanos del carnaval son tecnificados y sofisticados.

CARLOS:

Como usted puede ver, nosotros manipulamos el papel que usted vio en la entrada del taller, son talegos que sobran de los bultos de cemento. Para moldear las figuras utilizamos el barro que lo arrancamos de una montaña ubicada a una media hora de la ciudad de Pasto, llamada la Divina Pastora.

MARTHA:

Cuando yo viajé al Brasil, en las carnestolendas de Río de Janeiro, primero que todo, miren ustedes, únicamente con solo aguijonear una clavija, de un computador, le decían todo lo que había que hacer y cómo se debía hacerlo; también, le daban una lista de quiénes podían comprar la carroza, porque los artistas cuentan con todas las comodidades.

El lugar donde laboraban era amplio y confortable, tenía todas las herramientas tecnificadas necesarias; también, un espacio dedicado para la prensa. Todo se regía bajo un estricto orden; Claro, es un país más desarrollado, con otras condiciones muy diferentes, en ese carnaval valoran lo que tienen. (Se mancha su vestido por acercarse con demasía a una figura) ¡Ay! Ensucie mi vestido por favor me prestan un paño para asearme, espero que por lo menos tengan eso.

CARLOS:

¡Un paño! por supuesto que tenemos un paño, (busca por todo el lugar y no encuentra nada) yo por esta fémina hago lo que sea (se quita la camiseta, se la pasa), ella lo mira y toma la camiseta con cierta suspicacia, soba un poco la mancha en su prenda y se dirige a otro trabajador.

MARTHA:

Podría decirme usted ¿Por qué solo escogen temas de indios, burlescos y campestres?¿Por qué no toman lo universal, lo moderno, lo contemporáneo? Únicamente de esa manera se internacionalizarían los artistas junto con su Carnaval, ya que son Patrimonio Cultural de la Humanidad y todo el mundo los ve. Bla, bla, bla…Los artesanos se hartan de escuchar a la mujer, continúan con sus quehaceres ignorándola, hastaque ella se percata de la indiferencia total de todos y se va.

El maestro trabaja un tanto intranquilo, Carlos mira el péndulo de su relojde pulso.

CARLOS:

Maestro van a dar las cuatro de la tarde, no olvide que debe asistir a la reunión en la corporación, para lo de los aportes, me visto de esperanzaspara que le den la plática que tanta falta nos hace, fíjese que ya se agotatodo el material. Ya no tenemos ni para la cafeína. Diego mira su reloj y ligeramente se despoja de su overol sin decir nada.

JAIR: Túpanle duro muchachos, yo regresaré en pocos minutos y con lasmejores noticias. (Sale).

ACTO SEXTO

Al salir del taller, los súbditos del artesano, miran sigilosamente con el costado del ojo lo que cada uno está inventando, se aproximan a distancia respetuosa, miran la imagen que está haciendo su compañero y adoptando la actitud de un crítico de arte, reprochan el trabajo de los demás con acento refinado y sofisticado.

FABIO: (Dirigiéndose a Carlos)

Me parece que, para alcanzar un elevado nivel estético, le falta una porción de perspectiva angular de la nariz, debería de regular más el martillo o yunque de la oreja diestra.

CARLOS: (Mirando la figura de Fabio)

La figura se ha alejado de los cánones clásicos de la belleza universal que, de alguna manera, mata la estética antigua con las formas que deforman.

JAVIER:

El expresionismo subjetivo de los colores, encierra las figuras de cierta fragancia agradable a los ojos barrocos.

CARLOS:

No olviden Que residimos en el Carnaval de Pasto, que nos anuncia queaquí todo es al revés.

Todos comienzan a contender verbalmente defendiendo su punto de vista, que, si es al revés, o no, la discusión alcanza el máximo nivel hasta enfrentarlos en el centro del escenario con amagues de querella, pero en esos precisos momentos la imagen del maestro invade el taller con actitud débil y llena de tristeza. Todos al percibir su presencia lo miran haciendo un silencio casi sagrado que pone fin a la discusión.

JAIR:

He tratado de negarme que, para todo en la vida, es imperioso el perverso dinero. (Imita a los funcionarios) Los señores de camisa blanca informamos: Los recursos económicos, para este año, se han agotado debido a la crisis que franquea el municipio; sin embargo, nuestros veedores o inspectores los visitarán para percatarnos del cumplimiento exacto del reglamento y que su trabajo sea excelente; de lo contrario, no nos quedará más alternativa que cortar su participación en el Carnaval, además de cobrarles los centavos de la multa que ustedes aprobaron.

JAVIER:

¡Puta mierda! Nos van a embargar el rancho.

JAIR: (Como funcionario)

Y, además les enviaremos un plástico negro de esos anchos para que cubran el embate de la lluvia. (Cambia de expresión) Recuerdo como si fuera hoy mismo, mi primer carnavalito. Desfiles de ideas pasaban por mimente. (Con la voz de un niño) Papá, papá, tengo una idea muy buena, necesito que me costee la carrocita, (triste) no había dinero suficiente para las mínimas necesidades de la casa, mucho menos para la carrocita. Las lágrimas rodaron por las orillas de mis mejillas, arrastrando mis sueños con las esperanzas, (con ilusión) pero no tenía que ser así, no podía cruzar mis brazos, algo tenía que ocurrírseme, (como niño) señor, necesito trabajo, yopuedo mantener limpio su carro, (cambia de expresión) no, niño, tú eres muy infante para trabajar, mejor ve a hacer tu tarea no tienes edad para trabajar, este trabajo es muy fuerte para un niño. Los años construyeron mis sueños con lágrimas, la única diferencia de ese pasado y este hoy, noson las lágrimas si no las canas.

El artesano se coloca su overol desteñido y continuó trabajando, los demás, que se habían detenido para escucharlo, también reanudan su labor. Beatriz que permanecía en el otro extremo del escenario se acercale brinda algo de comer tratando de consolarlo.

BEATRIZ:

Vamos mi viejo come,vas a necesitar toda la fortaleza para terminar el trabajo, te estas menguando poco a poco, y con lamentaciones no se logra ayudar.(También, les sirve comida a los demás y todos se sientan a comer,hay un corto silencio).

CARLOS: (Masticando)

Recuerdan lo del año pasado, del Andrés, el que nos ayudó a hacer los zapatos de las figuras, resulta que se pasó todo el tiempo en esa labor, los hizo todos derechos, de eso nos percatamos únicamente cuando estábamos armando la carroza todos los zapatos eran derechos, ya era tarde para todo, así que tuvimos que sacar los muñecos con esa falla. Nadie se fijó en esos zapatos porque nadie dijo nada, hasta que un borracho nos gritaba, que viva los muñecos de los zapatos al revés.

FABIO:

¡Eso no es nada¡ Don Jorge, el año pasado se pegó una chumada, estabatan pero tan embriagado que empezó a pelear con las estructuras que elmismo hizo, las partió, las desbarató totalmente a golpes, y al díasiguiente, le tocó volver a hacerlas nuevamente.

JAVIER:

Pero gracioso fue lo que paso cuando llegaron los periodistas, el Javier se sostuvo debajo de un muñeco exactamente bajo las grandes nalgas de barro, como siempre, por chicanear; quería presumir de sus talentos artesanales, para que le filmaran, le tomaran fotos y lo sacaran en los medios televisivos. Pues bien, como todavía estaba el barro fresco y fácilmente se desprendía, finalmente se le derrumbó casi todo sobre él, ypara lograr liberar su cabeza cubierta por el barro tuvimos que ir toda la manada para quitarle un bulto de barro del muñeco porque se estaba ahogando, hasta los periodistas estaban cagados de la risa.   JAIR: La mejor anécdota que me pasó en un año, fue cuando vendí unos muñecos que me estorbaban, a unos tipos que iban a hacer una carroza, en un pueblo cercano. Sin embargo, participaron en el carnaval de pastoen una carroza, yo vi los muñecos pasar en una carroza y ganaron el segundo puesto y nosotros quedamos en el noveno puesto .

CARLOS:

Maestro ya que estamos en esto del recuerdo anecdotario un tanto regocijados, para que nos fructifique un poquito más el trabajo, que le parece si nos tomamos un traguito, aunque sea de esos baratos. Ahí para no más de amortiguar un poco el frío.

JAIR: (abrazando a Beatriz)

¿Y tú qué dices mujer?

BEATRIZ:

Con tal de que no se entejen y no dejen de trabajar.

JAIR:

Serruchemos todos.

JAVIER:

Yo únicamente tengo dos mil pesos, tengo que dejar para el

taxi, porque en mi barrio está muy peligroso.

FABIO:

Yo tengo tres mil pesos, tengo que comprar la leche del niño, que apenasayer se acabó.

CARLOS:

Yo solo tengo mil, mi mujer me quitó todo porque hoy es viernes.

JAIR:

Bueno, pues yo pongo el resto.

CARLOS:

Si quiere yo voy a comprarla, Maestrico.

JAIR:

No, yo tengo una botellita guardada por ahí, cuando se nos acabe compramos la otra. Saca la botella de la cocina y comienzan a beber sindejar de trabajar, hasta que el cansancio logro vencerlos, cada uno emprendió su camino menos el Maestro que decidió permanecer solo. Platicó con todos los muñecos y, en su embriagues, ellos le contestan. Seacerca con dificultad, primero a la muerte.

ACTO SÉPTIMO

JAIR:

Odiada por unos y deseada por otrosApareces entre las sombras

Como fantasma maligno

Que para vivir la vida debes existir

¡Oh! diosa de la oscuridad, reina de las negrurasTe libero, que la

lucidez

Resplandezca en tu figura cadavérica.

MUERTE:

Yo soy los horrores escondidos en tus pasiones, cuando percibas mi risa abrigarás la mano negra de mis deseos para el resto de la eternidad. El artesano se distancia de la parca, para apreciar las formas de la mujer desnuda que estaba esculpiendo en el otro extremo, se le acerca la toca con un extraño y tímido deseo.

 JAIR:

Estas manos han parido las más hermosas rosas de papel, salidas del pago de los sueños. En tus sonrisas divagan las mariposas primaverales, en tus ojos revolotean océanos con sus misterios que te descubren tentadora. Eres la reina del Carnaval, yo el maestro tú creador, nombro a esta mujer reina del carnaval porque su belleza deslumbra más que su dinero.

MUJER:

Mi gracia será siempre para ti, permanecerá en ti, porque seré la beldad que hay en tu corazón. (Luego se acerca al viejo que ya estaba cubierto en barro).

JAIR:

¿Qué dice usted maestro? Que lleva toda la sabiduría en sus canas y que en sus ojos se esconde la verdad de la vida, usted será la filosofía pura del Carnaval, el surgir nuevo de las cosas viejas, de las verdaderas tradiciones que se pierden en cada luna.

VIEJO: (muñeco de papel)

Por ti, mostraré como eran los verdaderos valores de la vida, riquezas invaluables que solo salen del corazón de la familia y los años que pueden dar, humildad y sabiduría.

El artesano doblega su fortaleza dejando caer la cabeza, recuesta su maltrecho cuerpo en el piso y deja que duerman quedamente sus ojos. Al día siguiente, ya avanzada la mañana entra la madre de JAIR, lo mira tirado en el piso, se le acerca y lo zangolotea con cuidado para despertarlo.

ACTO OCTAVO

MADRE:

Virgen santísima, (se persigna) niño divino, bendito sea el Santísimo, ¡Qué pasó aquí!¡ Diego!,¡ Diego!, hijo, mijo despierte, (el artesano despierta y mira a su madre, se toma la cabeza)¡ Cómo va hacer eso hijo mío!, bebe ybebe ese maldito trago, que lo único que gana es ese dolor de cabeza.

JAIR:

¡Mamá!, buenos días, ¡Por favor no me regañes más!

MADRE:

Hijo, usted no está solo, siempre estaré a su lado, mi más grande orgullo esusted, no se preocupe que todo saldrá bien.

JAIR:

Si mi viejita, no se preocupe, le prometo no volver a tomar más.

MADRE:

Bueno hijo tengo que dejarlo, como es de su conocimiento hoy hay que hacer las empanadas para la noche. Ya estaré de nuevo con usted y con unas apetitosas empanadas de añejo, que son las que le gusta, que Diosme lo bendiga.

JAIR:

La bendición mama, cuídese.

La labor artesanal continúa, arriman el resto de los trabajadores un poco enguayabados. La situación se torna navideña, es el veinticuatro de diciembre, como en un juego, ubican en el centro del taller un elemento simbólico de navidad. Puede ser un árbol o algo relacionado a un pesebre.

FABIO:

¿Otra navidad?

JAIR: Sí, otra navidad y la verdad, cada vez me gustan menos, siempre me sorprende en crisis económica, este año no tengo para nada, lo que más me preocupa es el niño, como siempre mañana no estrenará, ni siquiera un juguete nuevo como todos los demás niños.

JAVIER: Tranquilo Maestro, las guaguas comprenden que cuando ganemos en el carnaval tendremos dinero de sobra para comprarles el juguete más bonito. De todos modos ya están acostumbrados, usted recuerda cuando era niño, nos relataba que nunca estrenó en Navidad.

BEATRIZ: (Entra alegre con una bandeja llena de empanadas) Buenas noches carnavaleros, ya es tarde y está cerca la media noche, les traje unas deliciosas empanadas, que les mandó su mamá.

TODOS: (En coro)

¡Huy!, empanaditas, ¡gracias!

JAVIER:

Maestrico yo traje una botellita de trago como para el frío, que le parece si nos tomamos una antes de las empanaditas, para nosotros la Navidad si existe, pero no como para los demás, tenemos como faroles las cabezasde los muñecos.

FABIO:

Como árbol de navidad este armazón del muñeco (forman algo como un pesebre en el centro del escenario con diferentes elementos del taller)

CARLOS:

Como regalo de Navidad, el abrazo sincero de todos, deseándonos feliz navidad.

ACTO NOVENO

Es un juego de alegría, se abrazan, se desean feliz navidad, las luces se van perdiendo hasta quedar en penumbras, luego se encienden y se apagan dejando apreciar la imagen de un pesebre que formaron con los cuerpos de los actores en diferentes imágenes.

Quedan totalmente a oscuras por unos segundos. Al encenderse nuevamente empieza la nueva jornada del día. Es el treinta y uno de diciembre, todos entran y se cambian trabajan de prisa, se toman de vez en cuando una copita de aguardiente casi que a escondidas del maestro resaltando la fecha. Luego al acercarse la noche cada uno se marcha, dejando solo al Maestro, quien sigue trabajando. Entra Beatriz,

BEATRIZ: (Mira por la ventana y dice:)

Monigotes de trapo y de papel

Bailan en la ciudad de espuma y serpentina   Con tropas de broas

Enlazadas en lenguas punzantes

Donde se revela la escoria del mundo

Que flotan en las calles como símbolos Ligeramente el reloj marca el medio díaDespidiendo el desfile

Poco a poco el tiempo derrite el año

Todo lo soñado y lo vivido está agonizando La ciudad se hunde poco apoco en la tragedia

La nostalgia se envuelve como una enredadera Por lo que fue y no pudo ser

Suenan los truenos artificiales

Se asoma la parca al lado del monigote

El corazón se precipita en las viejas tonadas, De todos los años cuando se asoman las doce

Los destellos resplandecen adornando las ventanas Hombres y mujeres caminan apresurados para rodear a su madre Antes que muera el año. Todos parecen alegres. (Mira al maestro y sale Corriendo)

JAIR: Mujer, ¿Qué te pasa?

JAIR: Confundido, mira también por la ventana, se encoge de hombros. (Beatriz, entra de nuevo con una botella de vino y dos copas, se sienta en el piso)

BEATRIZ: Venga Maestro, siéntese a mi lado, nosotros también, podemos brindar en este rincón, escondidos del bullicio.

JAIR: (Se le acerca y la abraza, se sienta a su lado)

¡Estás loca mujer!, el trabajo nos espera, tenemos mucho que hacer.

BEATRIZ: (Se levanta alegre, da vueltas bailando por todo el taller)

Que siga esperando no importa es fin de año, estamos los dos nuevamente. Hablemos, hagamos remembranzas de los viejos tiempos.(Se sienta) ¿Recuerdas el día en que nos conocimos?

JAIR: (Pensando)

Los años se han venido amontonando, cuarenta soles, pero esos momentos en que te vi por primera vez, viven en mi mente como si fuera hoy, vestías de azul como un día recién nacido lleno de pureza, te veías como una princesa celestial, la luz encendida, en el fondo de tus ojos, relumbrante de ternura, fue lo que me conquistó.

BEATRIZ:

Desfilamos juntos momentos maravillosos. Me sentí la mujer más feliz, ese primer día en que me abrazaste y me llenaste de besos. JAIR: (Triste)

No debiste haber unido tu vida a la mía.

BEATRIZ:

¡Por qué me dices eso!

JAIR:

¿No te has mirado últimamente en un espejo?

BEATRIZ:

Bueno ya mis ojos se han achicado, no tengo la tersura en mi piel, que antes me hacía bonita, pero…

JAIR:

¡Oh!, no, no es eso, ¡Tú eres la mujer más hermosa de todos los paraísos! Soy yo, mírate; el vestido azul se está opacando, hace tiempo que dejo de brillar y no he podido comprarte uno nuevo, por eso te digo que debiste haberte casado con alguien que de verdad pueda darte todo lo que te mereces, alguien que tenga una profesión diferente a la mía, que no da plata.

BEATRIZ: (Toma el vino llorando)

Nadie en esta vida hubiera logrado hacerme tan feliz como tú, que importa que el vestido ya no sea azul, no me importa el brillo del oro, no entiendes que los dos brillamos sin ser oro, porque te amo y mi riqueza eres tú.

JAIR:

Perdóname mujer, es que muchas veces siento tanta cólera por ser como soy. Mi cabeza se está encanando cada vez más y siento la sombra de la soledad envolviéndonos. He fallado con mis deseos de darte lo que en realidad quiero, y eso me hace desdichado y maldigo el destino.

BEATRIZ:

Abrásame, tu eres mi prosperidad, mira, estamos juntos, yo contigo y tú conmigo, solo eso importa, no te atormentes más, nada nos podrá separar, ni siquiera la pobreza, juntos batallaremos y saldremos adelante. JAIR: Muchas veces he deseado la muerte, que llegue y me lleve en sus fauces, siento el intenso peso de la vida que agota mi aliento y creo que ya he vivido lo suficiente, y me ha abandonado el valor para seguir luchando, pero apareces tú como una esperanza y la vida se aferra a mí, y corto todas las distancias entre tú y yo, sí un día la parca me sorprende, quiero que me descubra pegadito a usted, solo así será bienvenida.

BEATRIZ: (Llorando)

¡No digas eso!(Se pone de pie)Vamos maestro ponte de pie, bailamos como en los antiguos tiempos, mueve tu cuerpo y que tengamos un próspero año nuevo amor, brindemos por todo lo mejor que nos ha pasado.

ACTO DÉCIMO

Bailan un vals y lentamente se disipan las luces. Se encienden las luces, el escenario tiene otra atmosfera. Es el inicio del día, los maestros llegan afanados, resueltos a trabajar, aunque debe notarse también el cansancio de todos, el trabajo se hace cada vez más arduo pero un poco desorganizado, de repente se escucha una música de percusión. Aparecen los nomos y narran el origen del cinco de enero de los carnavales de pasto, los demás se congelan.

NOMO 1:

En la alborada de un rebelde palenque Anhelando la libertad encarcelada

Tatuaron los rostros blancos con los dedos atizados.

MOMO 2:

El cinco de enero jugaron cantando y bailando En las playas inventadas al son de las negras marimbas.

NOMO 1:

Germinando así el carnavalEn las cuadrillas ardientes Evocando la madre áfrica.

NOMO 2:

Hoy somos libres casi que amos

En el ritual del juego

Tatuados desde el corazón

Con el color que brilla en el sol

Se vuelve oscura la piel pálida

Rompiendo vergonzosos grilletes

Que deshumanizaron una raza.

NOMO 1:

El tambor africano inicia el carnaval

La sensual danza negra se tiende en las calles Se agitan los cuerpos

Casi desnudos que cantan con su propio lenguaje Los símbolos y las canciones,

Paganas y sagradas; divagan libres.

NOMO 2:

Hoy solo somos de un color Acompañados de serpentinas y

confeti Que tienen aroma de fiesta, el día de los negros, Que tiene la alegría del color En el tatuaje erótico de la pintica En el carnaval bullanguero de Pasto. Los trabajadores juegan a pintarse de negro como jugaban inicialmente, una pitica muy delicada a la mujer, y como gratitud le otorgaban una rosa roja, la música va aumentando de intensidad, todos bailan un currulao y finalmente, se muestra como se juega en la actualidad violentamente con la operación pupo

ACTO DÉCIMO PRIMERO

CARLOS:

¡Bámbaros!, llovió.

JAIR:

¡Pilas!, chisparosos a tapar las figuras.

JAVIER:

¡Entumidos!, los plásticos están debajo de la cama, ¡hay que sacarlos!

Todos extraen unos plásticos viejos y rotos, y como en una danza contemporánea tapan los muñecos, otros colocan baldes donde se mira que chorrea el agua y continúan el trabajo, Siempre mirando hacia arriba pendientes de que la lluvia cese.

FABIO:

¡Gracias San Pedrito!, por amainar la lluvia, todos a destapar los muñecos, hay que terminarlos, estamos colgados, ya se está concluyendo el tiempo.

CARLOS:

¡Huy!, se me lluspió el compresor.

FABIO:

Maestro necesito más yeso, el muñeco está muy curco y guingo.

JAIR:

Ya se acabó todo, hay que echarle ese poquito que nos queda, bien chirlesito.

JAVIER:

Vamos a pedirle al Cuchito Chicaiza, si le decimos bonitico verán que no se nos enchicha y nos presta un poquito.

JAIR:

Sí, también pídanle un pilchesito de pintura blanca que se me terminó.

JAVIER:

Hay que acomodar ese ojo de la muñeca que esta como mollejón. Chuchingas la muñeca está quedando muychozona.

CARLOS:

Esos zapatos están desgualangados faltan delinear. Todos los muñecostienen una que otra flojera.

JAIR: Hay que corregir las fallas con mañita, no quiero que dañen ni una chuyafigura.

CLAUDIA: Maestro guarse un tantico, les traje un poquito de champús.

ACTO DÉCIMO SEGUNDO

Claudia les sirve una taza llena de champús que se la comen rápidamente, siguen trabajando, debe darse la sensación que la noche llega, se encienden bombillos, continúa el trabajo con más apresuramiento, cada uno grita preguntando por una herramienta o algo, un martillo clavos o alicate, el desorden es total, y la confusión se acrecienta. Todos le preguntan al Maestro.

JAIR:

Está muy claro el vestido

FABIO:

Maestro ¿le pongo las barbas blancas?

JAIR:

Sí claro

FABIO:

Maestro la camisa de qué color va.

JAIR:

Azul.

JAVIER:

Maestro a la cabeza del viejo le falta los cabellos.   JAIR:

Que Fabio se los pinte de verde.

CARLOS: El movimiento de la muñeca no funciona. FABIO:

Hijue… el diablo se dañó la balineras.

CARLOS:

Hay que romper un poco la cabeza para ponerle otras balineras.

Se mira el semblante de todos muy agotado, hacen las cosas

en cámaralenta hasta que alguien grita.

CARLOS:

¡Maestro, ya trajeron el camión!

JAIR:

Ya era hora, se estaba demorando mucho. Llame a todos que vengan (llegan todos y se ubican alrededor del Maestro), bueno muchachos es el último esfuerzo que tenemos que hacer, tengan mucho cuidado al sacar las figuras, Fabio sabe cómo deben ubicarse en el camión, tenemos poco tiempo así que todos a camellar, ¡Ah!, y por favor no tomen mucho, tengan en cuenta que falta todo el armado del carro y tiempo ya no nos queda mucho.

FABIO: (Un poco borracho)

Maestro no se preocupe, yo respondo por el carro, usted ya conoce comosoy yo, ¡La verraquera!

CARLOS:

Sí, sí, pero ya no tome más hermano, ya está chumado.

JAVIER:

Necesitamos gente afuera para arreglar el camión, traigan clavos ymartillos.

Salen unos, y otros se quedan haciendo detalles a las figuras. El Maestropinta con el compresor. Se escuchan algunos alegatos, empiezan a sacar los muñecos, de vez en cuando se toman un aguardiente a escondidas del Maestro. Entran en busca de herramientas, se supone que afuera están armando el camión de la carrosa. Entra Javier y le dice al maestro.

JAVIER:

Está quedando todo bacanisimo.

JAIR:

Sí, bueno, ojalá este año nos vaya bien, van a dar la seis de la tarde, asíque dígales que se pongan pilas.

ACTO DÉCIMO TERCERO

Únicamente se ve al Maestro pintando el letrero. Se escuchan voces, que Gritan: Muevan esa muñeca a la izquierda, el viejo está muy agachado, levanten un poco el brazo, levante un poco a la muerte, de atrás no se la ve. Luego, entran todos cansados.

JAIR:

Ya está todo listo.

JAVIER:

Sí, Maestro, ya está todo listo, sólo falta el letrero.

JAIR:

Ya va a estar, la verdad ya no doy más, estoy muy mamado.

FABIO:

Es el último esfuerzo Maestro, el Carlos, se fue a traer café porque ya senos acabó, no debe tardar hágale.

Todos se sientan alrededor del Maestro, mirando como pinta el letrero.JAVIER:

Todo el trabajo estuvo muy bien nadie la embarró.

FABIO:

Creo que pusimos el corazón en el trabajo.

JAVIER:

Todo fue muy chévere a pesar de todo la pasamos muy bien.

DIEGO:

Siéntense, muchachos, yo les agradezco, sin ustedes no hubiera logrado acabar la carroza, la verdad su colaboración ha sido fundamental.

CARLOS: (Llega el café)Tomemos el último tinto.

JAIR:

A las siete quedaron de entregarnos los uniformes, (toman el café) estoy muy cansado creo que mejor yo no salgo en el desfile, mejor los espero aquí.

FABIO:

Cómo se le ocurre maestro, usted merece más que cualquiera de nosotrossalir en la carrosa, es su creación, fresco, descanse un poco y todos salimos, (llegan los disfraces cada uno toma el suyo, se lo colocan y unopor uno van saliendo y sale el último gritando)

CARLOS:

¡Esperen!(salen todos y se escuchan solo las voces)

VOCES:

Dele, no por allá. No por acá, yo conozco maricas, háganme caso, yo sé cómo llevo la carrosa, dele, dele, cuidado las cuerdas, despacio, téngalo,téngalo.

Aparece la carrosa armada con los personajes que son los muñecos, semueven como una carrosa y acompañados de la música de una murga del carnaval.

Fin.

EL JUICIO

Teatro Experimental

Drama desarrollado en nueve actos

Este drama experimental se presentó por primera vez en el año 1999 en La Casa de la Cultura del departamento de Nariño, con la Fundación Alturas Teatro, bajo la dirección de Chucho Peña. Con el siguiente reparto.

Claudia González, Patricia Jaramillo, Lorena Salas, Chirle Recalde, Alexander Obando, Oscar Jamundí y Ricardo Riascos. Cada uno de ellos aportó muchas ideas y algunos borradores de textos para la creación de la obra en sus diferentes versiones.

PERSONAJES:

MUERTE: Mujer joven y seductora, vestida de una túnica larga y trasparente que permite ver el cuerpo desnudo de la mujer, su maquillaje es sombrío como una muerte egipcia.

JUEZ: Hombre adulto, viste una sotana oscura, como un capuchino, no se puede distinguir su rostro, hasta el final de la obra, donde se despoja del vestuario y queda totalmente desnudo.

ACUSADOR: Hombre adulto viste una sotana negra como un capuchino, no se puede distinguir su rostro, hasta el final de la obra, donde se despoja del vestuario y quedar totalmente desnudo.

SECRETARIO: Hombre joven, viste una sotana negra como capuchino, no se mira su rostro hasta el final de la obra, donde quedará totalmente desnudo.

ACUSADA: Mujer joven, de veinticinco años, bonita, viste

sotana blanca como una mortaja, rostro pálido, está muerta.

ESCENOGRAFÍA

Dos velones negros grandes y chorreados a medio uso. Dos telones negros de tres por dos metros que cuelgan del techo delescenario.

Tres máscaras blancas neutras, en el filo de los telones que cuelgan. Un cubículo blanco de setenta centímetros de alto.

Una silla deformada: patas torcidas, espaldar torcido. Un libro negro grande, rústico y viejo.

Dibujar una especie de puerta o entrada a un túnel sin fin en el fondo delescenario.

El piso debe tener una perspectiva con cuadros blancos y negros, dirigidos al fondo, al centro del escenario donde esta dibujada la puerta en triángulo.

NOTA PRELIMINAR

Escenario, caja Italiana, totalmente oscuro, el espacio escénico representa un limbo, un lugar desconocido, inventado, misterioso, tétrico, puede ser ambientado con música de los cantos gregorianos en sus últimas versiones, el actor debe trabajar mucho la voz en sus diferentes tonalidades y dicción, la voz será la que dé el equilibrio a la obra que tiene un ritmo pasivo.

PRIMER ACTO

Al levantarse el telón se puede apreciar dos máscaras, neutras, blancas que cuelgan del cielo del escenario, de cada una pende un telón negro, son como sombras de fantasmas, uno a la derecha cerca al proscenio, el otro a la izquierda; también, cerca al proscenio frente al público. En el centro delescenario, el cuerpo de una mujer tendido en el piso, su cabeza está cerca al proscenio, el cuerpo esta levemente iluminado, sólo se puede apreciaruna máscara blanca que cubre el rostro del cuerpo que parece mirar al público; también, se mira un telón que sale de la máscara y cubre su cuerpo. A la izquierda de la mujer, a una distancia de unos sesenta

centímetros, está ubicado el cubículo blanco de unos setenta centímetrosde alto, que será el trono de la la Muerte. Al otro lado, a la derecha hay una silla rústica diferente a todas. Detrás del cuerpo de la mujer cerca de unaespecie de entrada o puerta a un túnel, está la Muerte en posición fetal; esuna mujer cubierta únicamente con una túnica larga y transparente de seda; se aprecia los dos velones negros y grandes encendidos y chorreados de cera por el uso, ubicados frente a cada máscara con el telón. El piso del escenario, también, debe dar una perspectiva de fondohacia esa puerta del túnel sin fin.

Al escuchar una música misteriosa, los actores que están dentro de los talones detrás de las máscaras los abren lentamente, como si fueran unos abanicos y de su interior aparecen lentamente dos monjes, se dirigen pesadamente hacia los dos velones que están frente a ellos, los toman, en cámara lenta los dos al mismo tiempo, cuando logran levantar los velones hasta sus hombros estirando los brazos, giran al mismo tiempo quedando de espaldas al público, hacen punto y se dirigen hacia el fondo, a la puerta del túnel, al llegar se ponen frente a frente, de perfil al público, y se arrodillan; luego, al unísono apagan la luz de los velones y, al mismo tiempo, se apagan todas las luces del escenario, quedando todo totalmente oscuro y en silencio.

ACTO SEGUNDO

JUEZ:¿Qué sucede, por que suspende nuestro sosiego?
ACUSADOR:

Al parecer la jornada no concluye, hay todavía otro más.
JUEZ: ¡Quién puede osar con dejar la vida! ACUSADOR:
¡Creo, que es una joven femenina! JUEZ:
Sí, es una hembra y tiene pocos soles vividos.

ACUSADOR:

Sí, ¡De seguro es otra que derrotó a la muerte!

JUEZ:

El aura que la envuelve es muy lúgubre.

ACUSADOR:

No son diáfanas las líneas de los sucesos, su nombre no está escrito en eldestino final del libro de la vida. JUEZ:

Es otro suceso especial, imprevisto que logró vencer a la parca.

MUERTE: (Con la voz de una vieja como si fuera bruja)Que se dé inicio al juicio.

ACTO TERCERO

Al cabo de tres segundos se escucha una vos como de bruja que grita con mucha fuerza: LUZ. Y, se encienden todas las luces necesarias, los monjes aparecen de rodillas a los costados del cuerpo de la mujer que está en el piso. En seguida entra el secretario cargando una silla extraña y un desproporcionado libro,(en la voz se debe evidenciar el cansancio y el hastío)reniega, murmurando sonidos que no se pueden descifrar, ubica la extraña silla a la derecha del cuerpo de la mujer que sigue tendida en el suelo, dando el perfil al público.

SECRETARIO:

Me había convencido que ya la jornada había concluido,(mirando a la mujer en el piso)¿Cuándo llegará el fin de todo esto? Luego, mira detenidamente a su entorno. Se aproxima al cuerpo de la mujer, lo observa minuciosamente, sienta su cuerpo en la extraña forma de la silla y garabatea en una hoja de su desproporcionado libro.

ACTO CUARTO

La Muerte lentamente levanta las manos, los monjes que estaban de rodillas se levantan al mismo tiempo, la muerte ya de pie señala con las manos el camino a seguir a los dos monjes, que lentamente se dirigen hacia la mujer que sigue en el piso. Al llegar los monjes hasta ella, la muerte comienza una extraña danza erótica alrededor de la mujer, se aproxima mansamente, pasa sus manos suavemente sobre todo su cuerpo y lentamente como si le costara mucho trabajo le desprende la máscara, es como si le arrancara el rostro, la máscara tiene prendido sobre sus extremos un telón que la muerte lo amolda como si fuera un infante que lomece y luego lo impugna, lanzándolo violentamente al piso.

MUERTE:

Por qué tuviste que agotar el sueño del destino, si solamente hubieras aguardado un minuto más, el sol pudo haberse desnudado y bañar tu corazón, no estaba escrito en ninguna parte que tu destino sea tan corto, te degollaste con el cuchillo fatal de la desesperanza, que no te dejó soñar la luz que quería atravesar la claraboya que inventaste.

La mujer que estaba tendida en el piso se incorpora lentamente muy confundida, desconcertada, observa detalladamente a su alrededor, busca desesperada una salida corriendo hacia cada uno de los cuatro lados y se detiene atemorizada al mirar a los monjes.

ACTO CINCO SECRETARIO:

Su estancia aquí es únicamente una breve parada. ACUSADA: (con tristeza)

¿Dónde estoy?

SECRETARIO: (Voz fuerte y cruda)

Su alma se ha liberado de las carnes de su cuerpo.

ACUSADA:

¡No entiendo lo que está diciendo!

SECRETARIO:

En palabras terrenales, usted, murió y este es su juicio.

ACUSADA:

¡Mienten!, eso no es cierto, ustedes están mintiendo. La mujer trata de salir corriendo, se desespera, buscando nuevamente una salida por cada lado del escenario, se agota y se detiene, el secretario la toma de un brazo y la conduce hacía la silla, casi con lástima.

SECRETARIO:

Ante la inevitable presencia de la diosa del mundo oscuro y los dioses que profesaste, es tu juramento no ocultar ningún episodio de tu destino (anota en su libro y se ubica al respaldo de la silla). ¿Su nombre?

ACUSADA:

Beatriz Corella (observa todo cuidadosamente y poniéndose de pie).Saben, la verdad, yo nunca creí que todo esto podía ser verdad.

ACUSADOR:

Pues todo esto existe y usted está aquí para ser juzgada.

ACUSADA:

¿Y de qué pueden acusarme ustedes?

JUEZ:

Se la juzgará de los episodios de su pasado, de lo que hizo y dejó de hacer.

ACUSADA:

Nunca creí en religiosidades, siempre creí en mi propio Dios, intenté llevar una vida ecuánime con todos los demás. Hace algunos años, que no tengo si no a mí misma por objeto de mis reflexiones. Que no examino ni estudio otra cosa que mi propia persona.

JUEZ:

Eso lo trataremos de evidenciar, y si usted creyó o no creyó en Dios, no tiene importancia, lo que interesa es que Dios, creyó en usted.

ACUSADA:

¿Y quiénes son ustedes, para juzgarme?

JUEZ: (Enojado)Las preguntas las haremos nosotros, siéntese.

ACUSADOR: Bien, demos inicio a todo esto, volvamos a su pasado.

ACUSADA: (Ansiosa)

¡Necesito un cigarrillo!

SECRETARIO:

Déjeme decirle que, aquí usted, o su cuerpo ya no tiene ninguna necesidad, cuando se liberó de sus carnes, se independizó también de sus apetitos somáticos.

ACUSADA:

Por largos años vegeté en medio de grandes necesidades, las penurias invadían cada rincón de mi hogar; llena de amargura, carente de lo más mínimo para vivir; siempre soñé con abrazar la felpa en mi tálamo, adormecerme en sábanas de terciopelo blanco y tejer con hilos de oro misvestidos.

ACUSADOR:

De modo que, usted abandonó a sus padres.

ACUSADA:

Siempre miré hacia la cumbre de la vida, mis metas eran la gloria, eran suficientes los calores filiales.

ACUSADOR:

¿Disfrutó cómo se debe hacer de su infancia?

ACUSADA:

Quien puede regocijarse en medio de la miseria, que me alejaba despiadadamente cada vez más de mis sueños; luché por vencer la desgracia y lograr ver claramente sonreír el sol cada día y sosegar mi existencia, si, logré germinar y alcancé la gloria.

ACUSADOR:

¿Usted vivió y luchó solo por conseguir dinero y poder?

ACUSADA: (casi que llorando y de rodillas)

Y por qué mas podía batallar, no había nada más por qué luchar

ACTO SEXTO

MUERTE: (Con la máscara se acerca a ella con mucha lástima)

Nunca alcanzaste la gloria (con ironía), aunque siempre lograste conquistar todo lo que ambicionabas; no obstante, en el fondo de tu ser nunca supiste lo que buscabas, el amor propio va más allá de la gloria terrenal. Solo cuando mires hacía tu interior, encontrarás el sosiego que te dará la verdadera felicidad (regresa lentamente a su cubículo)

JUEZ:

El dinero no compra felicidad, de qué sirve cubrirse de oro y poder, si su serestá vacío.

ACUSADA: (Justificándose)

En el mundo terrenal tienes más valor cuando logras acumular capital(con desprecio), ese maldito dinero, capaz de comprar todo; La vida carece de todo valor si no se conquista lo que se desea.

ACUSADOR:

Aquí no ocurre lo mismo, las cosas se estiman por su propia naturaleza y no por el valor que les otorga la sociedad, continúe con su historia.

ACUSADA: Descubrí que tenía facilidad de conseguir dinero fácil, en el mundo no vale ser decoroso, hay que ser el vivo, el más perspicaz, acaso eso no es lo que llaman la selección natural.

MUERTE: (Arrastrando la muñeca cerca al proscenio)

¡Claro!, es trascendental ser el más fuerte, el más galán, selección natural. ¡Qué tal! que en el mundo triunfara una sola especie, una sola idea, una sola verdad;¡Claro!, fue más importante la luna tras las nubes negras. ¿Cómo pretendías llegar a la cima?, ¿si vendabas tus ojos con las injusticias?

ACUSADA:

(Casi desesperada) Si no lo hacía yo, lo podía hacer cualquier otro; el desastre es general, o te hundes por completo o vuelves a empezar de nuevo desde el peldaño más bajo, el de la miseria.

SECRETARIO:

¡Explíquese señora Corella!

ACUSADA:

Me liberé de los fantasmas, donde había crecido en medio de la mediocridad. Un día regresé con la firme intención de cambiar las cosas y mi dinero sirvió para eso; llevé civilización, les abrí las puertas a cosas maravillosas: la seda china, el arte del viejo mundo, los milagros de la ciencia, ¿Tiene algo de malo ganar un dinero para vivir en la opulencia?

MUERTE:

Civilización que derramó solo en el recuerdo los trompos, el cucunubá, los cuentos del abuelo que querían espantarnos para no alejarnos del pueblo sobre todo en la noche. ¿Dónde se quedaron las borracheras escuchando bambucos?… (Con desprecio) Aquí sobran esos bosques, hay que tender una larga autopista para que transite el progreso, autos lujosos, televisores inteligentes, y computadores que hablan; qué hermosa es la civilización, los abuelos que se hundan en el rincón, quemen esos libros viejos en la civilización, ellos no sirven.

ACUSADA:

Los ignorantes viven atados a las costumbres antiguas y a fantasías virtuales, no podían dar la espalda a la ciencia, al cambio. Quedarse enterrado en el pasado pobre, con los ojos cerrados y sin inmutarse; si la vida y el mundo son unos procesos que caminan. Yo únicamente fui utensilio para ese cambalache. Si ellos no fueron felices yo no tengo la culpa.

ACUSADOR:

Señor juez, la acusada está confesando que mientras vivía no forjó la justicia.

JUEZ:

¿Está usted consciente de lo que afirma?

ACUSADA:

¿No es mejor mantener a un niño manipulando un artefacto eléctrico que lo divierte, en véz de estar martirizando sus oídos, percibiendo las duras peleas de sus padres?

JUEZ:

Señora Corella, la vida se fundamenta en el respeto mutuo de las diferencias, en el desdoblamiento de la imaginación de los sueños colectivos, usted sólo procedió maniobrada por sus intereses claramente personales y nunca fue un instrumento de cambio para mejorar su entorno.

ACUSADA:

Ya les confesé que yo no soy culpable del uso que ellos le dieron al poder que les ofrecí, en el mundo se valora a los que alcanzan la gloria, sin importar los medios y yo estaba dominando los medios.

ACUSADOR:

A usted no le importó la humanidad, me parece haber entendido, en algunos apartes de su defensa, que todo lo hizo por ellos; sin embargo, solo nos queda claro en su disertación que únicamente defendió sus ganancias capitalistas.

ACUSADA:

Acaso no es eso el capitalismo, acumular riqueza sin importar a quien pisotear, entonces, ¡No! no, va a juzgarme por algo que es una ley permitida por Dios, ¿Qué quieren decir? Que para ser usto hay que dejarse pisotear, que para ser bueno hay que morir en la miseria o para llegar a la tierra prometida, después de la muerte, hay que vivir la vida martirizado, azotado y crucificado, no, me niego aceptarlo.

ACTO SEPTIMO

El secretario rompe el ritmo y se acerca a ella como si hubiera estado dormido y de pronto se despertará sin entender lo que está pasando y pregunta lo primero que se le ocurre.

SECRETARIO: Señora Corella, detállenos sobre sus descendientes

¿Cómo era el entendimiento con ellos?

JUEZ:

Señor secretario a su lugar. Sin embargo, señora Corella, responda a la pregunta.

ACUSADA: (Como tratando de evadir la pregunta) Quisiera ir al retrete.

SCRETARIO:

Le repito que aquí usted ya no necesita satisfacer ninguna necesidad.

ACUSADA:

Tengo miserias humanas, ustedes no pueden entenderlo.

JUEZ:

Usted cree tener necesidades, pero en realidad es sólo una

sensación, escomo cuando le amputan un brazo, usted seguirá sintiendo el brazo por algún tiempo a pesar de ya no tenerlo, ahora continuemos con su relato.

ACUSADOR:

Le repito la pregunta, señora Corella: ¿Cómo fue la relación con sus hijos?

ACUSADA:

¿Mis hijos?… Yo amé mucho a mis hijos, se puede decir que desde queellos llegaron a mi vida, todas mis luchas las hice por ellos, les di todo lo que el dinero puede conseguir, los mejores lujos, los mejores colegios.

MUERTE: (Sale como del túnel al frente del escenario, arrastrando la máscara y cargando una muñeca como si fuera un bebe)

La mejor soledad, mamá, no alcanza a comparecer esta noche, hay sucesos más trascendentales que mudar pañales; recuerda que es una persona muy importante, aunque desconozca tus primeros pinitos, tus primeros sonidos queriendo ser palabras, que se quebraron en sus primeros amores.(Cambia de tono)Tranquila tú puedes llegar cuando quieras antes que se muera la noche, igual mamá, jamás se enterará, ella siempre estará tremendamente ocupada, muy agotada. (Triste)Busca el mejor rincón de tu casa, allá te espera tu mejor amiga, la soledad te aguarda, tu confidente, no, no tienes que llorar más. Ahora, duerme, duerme y sueña con el momento en que te encuentres con mamá.

ACUSADOR:

¿Cómo intentó sosegar la sed, de amor, de sus descendientes?

ACUSADA:

¡Ellos tuvieron todo lo que se les antojaba!

MUERTE:

Todo, menos la compañía de su progenitora, porque le era imposible descuidar sus adorados negocios.

ACUSADOR:

Para la imputada siempre florecieron más sus negocios y triunfos económicos, que sus propios hijos.

ACUSADA: (Llorando)

¡No!, ¡no! Ya declaré a ustedes que mis prioridades eran mis hijos pero misnegocios eran el futuro de mis hijos.

ACUSADOR:

Señor juez, la querellada está admitiendo que en su vida la prioridad fue obtener riquezas materiales para sus proles, desconociendo por completo, que los infantes requieren grandes porciones de amor, de compartir pequeños instantes de ese tiempo que se muere todos los días.

ACTO OCTAVO

JUEZ:

En lo más profundo de su ser su conciencia fue incapaz de amar, fingió elamor ante sí misma.

ACUSADOR:

Señor juez, está claro, de treinta años vividos no acompañó ni un año, ni un mes, ni una semana, ni un día, de su costoso tiempo, a sus chiquillos.

ACUSADA:

¡No!, no podía desatender lo que había obtenido, era lo único que me hacía brillar.

MUERTE:

Está claro, mamá jamás dedicó un sólo relámpago, el tiempo cuesta mucho dinero y no se lo podemos gastar.

JUEZ:

Señora Corella, con todo lo que ha declarado, se está condenando usted misma, el hombre tiene muchas posibilidades de ser verdaderamente hombre y no un objeto para sí mismo.

ACUSADA:

No me gusta la soledad, por favor yo nunca quise hacer daño a nadie, siempre intenté socorrer a la muchedumbre que conocía.

JUEZ:

El alma es una sola, ella es capaz de acompañarse, ella sola puede atacar y defenderse, ofrecer y recibir.

ACUSADOR:

Toquemos el fondo de este asunto, ¿Cómo fueron sus relaciones con su contrayente?

ACUSADA:

Lo amé con la pasión de un corazón enamorado, desde que mis ojos lo encontraron se grabó para siempre en mi alma, su aspecto, su voz firme y gruesa unida a sus ojos negros como la noche, la fuerza y ternura de sus manos grandes me hicieron mujer; no encontré otro como él, me convertí en la negra envidia para todas las mujeres, amigas y enemigas, me encantaba mirarlas a los ojos cuando él me tomaba en sus brazos.

ACUSADOR: Cuéntenos ¿Le fue infiel?

ACUSADA:

La verdad le fallé algunas veces.

MUERTE:

Otro objeto de decoración, otra cosa que su dinero compró, así como compró el silencio del verdadero padre de sus hijos, así como comprastetodos los hombres que después pasaron por tu piel, ¿realmente creíste que nadie se enteraría?

MUERTE:

Poder, dinero, felicidad (triste y de rodillas)esta navidad no vendrá el niñoDios, recemos antes de tomar el único café que nos queda, toma esta muñeca de trapo, la hice yo misma con unas chilpas que encontré. ¡Ven abrázame! ¡Feliz navidad!(cambia de tono)Beatriz ¿Recuerdas tu hogar?

¿El mismo que tanto menospreciaste donde tu madre y yo fuimos felices sin tanta opulencia, te dimos amor? Nunca tuviste que pagar por todo

aquello, tan invaluable, que seguramente pensaste haber comprado, y menos el amor de un esposo fiel.

ACUSADA:

¡Mentira, ustedes mienten! El era incapaz de traicionar nuestro amor, menecesitaba, yo era su vida.

AUSADOR:

Está usted segura de lo que afirma ¿Entonces qué fue lo que pasó?

ACUSADA:

Ese día había decidido dejar los viejos hábitos, por fin brillaba el sosiego, por vez primera me sentí viva y con la fuerza de reconstruir esa familia que tanto anhele; siempre pensé que él me amaba, cuánto temple, cuánta verraquera doblegada por el amor. Esa noche fui a buscarlo para decirle con el corazón ardiente que era mi vida, que ya quedaban en el pasado tantos momentos de desgracia, y lo que encontré fue la mentira, esa mentira que fue toda mi vida por siempre, ya recuerdo todo si, ya no teníasentido seguir con esta pantomima.

MUERTE:

No, ahora ya no tienes tiempo de cambiar.

ACUSADOR:

Señora Corella, después de todo lo que nos ha confesado, responda a esta pregunta, ¿fue usted feliz?

ACUSADA:

¿Feliz? Siempre pensé que la crueldad y el cinismo eran inmoralidades solo de los humanos, en medio de mis circunstancias creí tener la felicidad en mis manos, eso era lo que interesaba, vivir el momento por y para losmomentos.

JUEZ:

El hombre debe ser feliz en la tierra, la felicidad es el resultado de las grandes y pequeñas acciones de la vida, siempre lo han tenido todo, la

ceguera los lleva lenta, pero inexorablemente a la muerte total; nunca podrán entender cómo el fruto de tanto amor se pudre tan fácilmente. El odio en sus corazones los enceguece, los vuelve egoístas, su ambición desaforada por la opulencia, los hace menospreciar la hermosura de lo pequeño, sencillo y simple. Mataron, hacinaron y despreciaron a los hombres y a las culturas que pudieron llenarlos de verdad y liberar su espíritu.

ACUSADA:

¿Cuál será mi castigo?

ACUSADOR:

Pronto lo sabrá.

ACUSADA: (Se dan vuelta y se dirigen hacia el túnel)

No se vayan, no pueden condenarme no me dejen sola, por favor no apaguen la luz.

ACTO NOVENO

MUERTE:

Si solo hubieras valorado lo que había a tú alrededor, entendido lo que es la grandeza de lo simple, la sosegada dulzura de una mirada tierna, la hermosa ingenuidad juguetona de tus hijos... Esto ha terminado en una raza de sordos en medio de tanta música, de ciegos con tanta luz, de mudos con tanta información; el desastre es general, la cima nunca está donde se la observa, piensas alcanzar el infinito con las manos, pero eres ahogada y consumida por el más pútrido fango del capitalismo, ufánate de tu gloria, más no envenenes tu historia. ¿Te desprendiste con tiempo de la sociedad?, despréndete ahora de todo lo ajeno a tu determinación y de todo lo que te aleja de ti misma.(Caminan también hacia el túnel)

JUEZ:

El juicio ha concluido.

Los monjes se acercan lentamente a cada lado de la puerta del túnel, de espaldas al público se quitan las sotanas quedando totalmente desnudos, hace lo mismo la Muerte, se despoja de su vestimenta y salen todos tras de la Muerte por la puerta del túnel, y se van apagando la luces hasta quedaren penumbras.

ACUSADA: (Grito desgarrador)¡No apaguen la luz!

FIN.

COSAS DEL MATRIMONIO Teatro costumbrista

Comedia

La obra se desarrolla en la sala de la casa de una familia campesina, de Teresa y Emeregildo, donde hay una pequeña mesa de centro, dos sillas blancas, una poltrona; a un lado, cerca al proscenio debe estar una mesa pequeña donde descansa el teléfono antiguo, también debe haber un frasco de loción.

Al abrirse el telón, una mujer de treinta años de nombre Teresa, esposa de Emeregildo, aparece muy demacrada barriendo la sala de la casa, desde el fondo de la sala hasta llegar al proscenio, cerca al público. El rostro de la mujer demuestra una terrible amargura; mal arreglada, viste una larga falda oscura pasada de moda, una blusa también oscura y desteñida; al cabo de unos segundos entra Emeregildo todavía en piyama, bostezando y estirando los brazos como si se acabara de levantar de la cama; se sienta en la poltrona frente al público, cerca de la mesa de centro donde sube los pies. Se puede apreciar unas medias coloridas, graciosas y diferentes; ojea una revista pornográfica, que mira esmeradamente y alarmado.

De pronto suena el teléfono.

EMEREGILDO: (Sin perder la mirada de su revista y con poco interés)

¡Teresa!, está repicando el teléfono.

TERESA:(Sube los hombros mirando a Emeregildo y continúa barriendosin contestar, el teléfono sigue sonando).

EMEREGILDO: (Se repite la acción anterior)Teresa, comedite a contestar el teléfono.

TERESA: (Sube los hombros de nuevo mirando a Emeregildo, sin contestar sigue barriendo, el teléfono continúa sonando).

EMEREGILDO:

(Se pone de pie furioso, mira a Teresa y le grita)

¡Ala, soreca, ques que no oís el repique de ese maldito teléfono!

TERESA: (Se asusta, tira la escoba al piso)

Sí Emerigildito horitica mismo voy (se dirige corriendo donde está el teléfono y contesta) aló, Emeregildo, sí, él, sí está, (tapa la bocina del teléfono y grita, mirando a Emeregildo) ¡Emeregildo es para ti!

EMEREGILDO: (Se pone de pie, un poco desconcertado)

¿Es para mí?

TERESA:(Haciendo pucheros)

Sí, es una chiquilla, dijo: me llamo Paty, una conocida de Emeregildo.

EMEREGILDO: ¡Aaaah!..., es la Paty una guagua de la infancia (se dirige a donde se encuentra el teléfono), a ver dame el teléfono. Aló, hola guambrita ¿Cómo estás?, ¿cómo, que quién le contestó el teléfono? ¡Ah! es una de las empleadas de los quehaceres domésticos. Si es una guisandera que a veces le da por dárselas de mi mujer, sí, no te inquietes que yo la voy a reprender. Sí, ¿a las cuatro?(En eso Teresa se acerca por detrás, de Emeregildo, para escuchar lo que dicen; él se da cuenta, la empuja hacia atrás)chite de aquí carajo, que es lo que quieres escuchar. Aló, Paty querida, sí haya estaré, no te preocupes, no fallaré, sí, chao muchitos, mua. (Cuelga el teléfono, mira a Teresa y furioso se dirige al proscenio, centro abajo y la llama)¡Teresa!, cuántas veces te he dicho que cuando contestes ese chuyo teléfono me trates con más respeto, cómo es eso que le dices a la gente, que yo soy su mujer y si le da la gana espere,

¡descarada!

TERESA: (Empuñando su delantal) Pero…Emeregildito, si yo soy tu mujercita. EMEREGILDO:

(Remedándole) Pero…Emerigildito, si yo soy tu mujercita; por desgracia es así, pero recuerdo como si fuera hoy: un martes trece ni te cases ni te embarques, estaba yo parado en el parque Nariño, cuando asomó la cucha de tu mamá y me dijo: hola yerno, y yo le dije, hola suegrita, ¿Quisiera casarse con mi hija?, me preguntó la muy descarada, yo le contesté: no, no señora,

esperemos a Julio; ¡Ah! el tiempo es lo de menos, me dijo sonriendo, noseñora, Julio mi hermano menor, que todavía no se ha casado. La vieja mequeda mirando con cara de trabuco viejo y sacando una escopeta de unestuche de violín me dijo: o se casa con mi hija o en vez de plata lo que va atener es plomo, y aquí me tienen jodido, sin plata y sin libertad.

TERESA: (Acercándose, temerosa y sumisa sin verlo a los ojos)

¿Pero… Emeregildo, no te acuerdas que mi taita nos dio un

dinero cuandonos casamos?

EMEREGILDO: (Haciendo muecas y gestos con las manos) Cuánto, cuánto. Para veinte milloncitos.

TERESA:

Si, veinte milloncitos que te gastaste en parrandas con tus pinchesamigotes.

EMEREGILDO: (Cruzando los brazos y furioso)

¡Pero ve, ésta chisparosa malagradecida! No te acuerdas que el otro día te llevé a la mejor whiskería, esa de la diecinueve y luego te llevé a comer chuzos, además, también fuimos al parque Nariño a chupar chupones. Así que no te vengas a quejar. ¡Por cierto! ¿No me viste una plata que tenía en el nochero?

TERESA: (Casi llorando)

Pero… Emeregildo, esos son los ahorritos de mi trabajo.

EMEREGILDO: (Acercándose y de frente)

¡Ah!, y tú qué quieres que diga la muchedumbre chismosa de Pasto, ¡Porahí anda Emeregildo!, el pelado…¡Nooo, guambrita!, i para eso me casé contigo, para que me tengas y me mantengas,(Al público mostrándole con las manos la acción de sexo) por la noche, bien juiciocita... ¿Ya hiciste elmercado?

TERESA: (Empuñando   su   escoba   agachando   la cabeza)¡No…! Emeregildo.

EMEREGILDO: (Halándola del brazo, guiándola hacia la puerta de la calle) Entonces a ver, a ver mijita, a hacer el mercado. (Teresa camina rápidamente hacia la puerta y Emeregildo la llama antes que llegue a la puerta)¡Ah Teresa!(Teresa regresa corriendo) me traes una cerveza.

TERESA: Sí Emeregildo. (Sale Corriendo). EMEREGILDO: ¡Ahhhh…! Teresa, Teresa, ¡Teresa! TERESA: (Regresa corriendo) ¿Si Emeregildo?

EMEREGILDO:

Me traes un cigarrillo.

TERESA:

Sí… Emeregildo. (Sale corriendo).

EMEREGILDO:

!Ah!… Teresa, Teresa, Teresa. (Hace señas al público en que le va a seralgo a Teresa)

TERESA: (Regresa corriendo)

¿Si Emeregildo?

EMEREGILDO: (Se ubica de frente y le grita)

¡Lárgate ya! (Teresa sale corriendo muy asustada) Es que las mujeres necesitan de mano dura. Pero qué tal que me sucoda lo mismo que a miamigo Miguel, que tiene una mujer que no lo deja hacer nada. Al tiritingoese lo manda en todo, dicen que es muy chisparosa y da muy malos consejos, por eso yo, a ésta casa, no la dejo entrar (en ese instante golpean la puerta)¿Pero ¿quién podrá ser?... Teresa tiene llave, ¡Iré a ver!(Se dirige a la puerta, abre y entra el vecino Miguel corriendo, viste unos pantalones que le quedan altos, una camisa blanca, un delantal de cocina, busca por todas partes con la mirada)

MIGUEL: ¿No está, no está? (Mira y busca de nuevo por todas partes)

EMEREGILDO:(Tranquilizándolo, lo toma de un brazo) Tranquilízate, tranquilízate hombre… que tu mujer no está aquí.

MIGUEL:¿No está, no está? Entonces sí (se tranquiliza) Es que la verdad le tengomucho miedo a las mujeres, ¿y tú mujer?

EMEREGILDO:

No te preocupes que mi mujer tampoco está, la mandé a hacer mercado.

MIGUEL:

¡Ah!, bueno. Es que ya te dije que les tengo miedo a las mujeres. Fíjate nomás que en la casa yo soy el que jornalea y ella es la que goza, yo soy elque barre, ella es la que ensucia; yo soy el que cocina y ella es la que come.

EMEREGILDO: (Riéndose)

Pues bambarito…estás fregado. Elay veras, a mí me pasa todo lo contrario. Yo soy el que goza, ella es la que trabaja; yo soy el que come, ellaes la que cocina, pero no te preocupes actualito te doy unos concejos para que aprendas cómo se trata a las mujeres. (En esos momentos golpean la puerta, Miguel se levanta espantado busca donde esconderse, da un salto cargándose en los brazos de Emeregildo, quien se asusta y trata de quitárselo de encima muy incómodo y enojado). Tranquilo hombre, tranquilo, que debe ser mi mujer. Parece que se le hizo tarde, veras daristecuenta como se trata a una mujer, (Emeregildo va abrir la puerta, apenas entra Teresa, le dice tomándola de los hombros la zangolotea y empujándola hasta que cae en las piernas de miguel que estaba sentado) ¡Qué son estas horas de llegar! ¡Dónde diablos estabas! (Miguel, inicialmente la abraza, le toca las piernas del susto y se levanta tumbando a Teresa que cae al piso, se levanta de inmediato, Miguel grita)

MIGUEL:

¡Hay una mujer en la casa!(Se pone detrás de Emeregildo)

TERESA:

(Lo mismo hace Teresa, quien grita) ¡Hay un hombre en la casa! (y se ubica detrás de Emeregildo mirando aMiguel)

EMEREGILDO:

Tranquilo, tranquilo hombre que es mi mujer,(llama a Teresa) Teresa, ¡Ven aquí!, te presento a mi amigo Miguel. Amigo esta es mi mujer.

MIGUEL:

¡Mucho gusto señora! (Teresa y Miguel se miran un rato primero tímidamentey luego se coquetean con una tímida sonrisa)

EMEREGILDO:

(Se da cuenta de la coquetería y con furia la suelta de lamano) Bueno, bueno, suficiente. ¡Ah!, no esperas a que yo me descuide para mostrarle las muelas a cualquier idiota. A ver, a ver, a traernos un tinto.

TERESA:

Sí, Emeregildo, (Sale).

EMEREGILDO:

Te das cuenta como se trata a las mujeres

MIGUEL: (Sorprendido) Sí, Emeregildo ¡Qué verraco que ha sido usted!

EMEREGILDO:

Oye, porqué mejor no nos vamos por ahí a chumarnos un rato, y así te explico mejor cómo es que se trata a las mujeres, ¿Qué te parece?

MIGUEL: (Pensado un poco asustado).

Francamente, es que le tengo mucho miedo a la Enriqueta ¡Qué tal si me siente el aliento al trago! No me deja salir el domingo y me da una buena pisa.

EMEREGILDO:

¡No seas bámbaro! ,que no te va a pasar nada. Además, los consejos que voy a darte, te servirán mucho, ven, vamos.

MIGUEL: (Piensa un poquito y luego decide ir, y mirando al público dice subiendo los hombros)

Bueno, una pisa más no mata, vamos.

EMEREGILDO:

Bueno, vamos. Pero…¡Sácate ese delantal! ¡Qué van a decir mis amigos!(Salen)

TERESA: (Entrando con la bandeja y una taza de café)

Emeregildo, aquí está el... (Enojada y llorando)Siempre pasa lo mismo. Siempre me deja con las cosas en las manos. Hay no…¡Qué vida tan miserable! es que ya no aguanto más. (Tocan la puerta) Pero… ¿Quién podrá ser? El Emeregildo tiene llaves, iré a ver (Abre la puerta)

ENRIQUETA: (Entra una mujer elegantemente y coqueta viste, minifalda roja, blusa con descote profundo y arreglándose las uñas con una lima)

¡Hola querida! ¿Cómo estás? ¿Ya se fue?

TERESA: (Llorando le da un beso en la mejilla)Hola querida, si ya se fue.

ENRIQUETA:

¿Y por qué estás llorando?

TERESA:(Secándose las lágrimas con el delantal)Es mi marido.

ENRIQUETA:

(Sorprendida) ¿Tu marido?

TERESA:

Sí, es que ya no puedo más, elay veras: (Casi llorando) Aquí yo soy la que barre, él es el que ensucia; yo soy la que trapea, él es el que enmugra; yo soy la que cocina, y él es el que me come. ¡No, no! Es que ya no puedo más.

ENRIQUETA:

(Moviendo la cabeza)Estás fregada querida.

TERESA:

Y eso no es nada. A mí el Emeregildo me da palo por la mañana, palo a medio día, palo por la tarde y palo por la noche. ¡No, no! Es que ya no aguanto más.

ENRIQUETA:

¡Claro!, quién va a aguantar tanto palo. Ni yo que soy vieja y bien comida, pero no te preocupes que yo te voy a enseñar cómo se trata a los maridos.

TERESA: (Asustada) Pero ahorita no, porque tengo que ir a trabajar.

ENRIQUETA:

Pues desde hoy vas a empezar porque no vas a ir a trabajar.

TERESA:

(Asustada y extrañada)Y ¿Qué le digo al Emeregildo?

ENRIQUETA:

Ya te inventarás alguna escusa.

TERESA:

Pero ahoritica no, porque el Emeregildo puede llegar en cualquiermomento.

ENRIQUETA:

Bueno, entonces hagamos una cosa, apenas se vaya tu marido metelefoneas ¿okey?

TERESA: (Moviendo la cabeza afirmativamente) Oqueyes, oqueyes, apenas se vaya te llamo.

ENRIQUETA:

Bueno, me llamas. Chao querida (le da un beso en la mejilla y sale)

TERESA: (Suspirando, se dirige al público)

¡Qué vida tan linda la de Enriqueta!, manda al marido, dice oqueyes, en fin. Pero yo qué puedo aspirar con este marido, aunque bueno es soñar (prende la mirada en el techo cogiendo su escoba, apoya su cumbamba enel palo de la escoba).

EMEREGILDO: (Entra, mira a Teresa elevada y suspirando.

Emeregildo la mira, le pega un grito para despertarla)

¡Teresaaa...!

TERESA: (Asustada suelta la escoba y mira a su marido confundida)

¡Emeregildo, qué paso!

EMEREGILDO: (Enojado)

¿Qué paso?¡Eso es lo que yo pregunto!¿Por qué no estás en el trabajo?

TERESA: (Asustada y muy nerviosa sin saber que decir)Es, es que hubo una reunión y nos mandaron.

EMEREGILDO: (Enojado y paseándose)

¡Ah, vagos! ¿Y ya hiciste el mercado?

TERESA: (Moviendo la cabeza afirmativamente).Sí, Emeregildo.

EMEREGILDO: (Cogiéndose la cabeza, recordando la cita con Paty)

¡Uyy cierto, la cita con Paty!,(sale)

TERESA: (Sola, casi llorando muy quejumbrosa)

Cuando me casé, pensé en ser la mujer más feliz del mundo, pero qué felicidad he alcanzado; no, no es que ya no aguanto más (llora)

EMEREGILDO: (Entra Corriendo) Olvidé echarme un poco de loción. Paty es muy exigente. (Se echa loción por todas partes de su cuerpo, casi agotando el contenido del frasco, en las axilas, en la barriga y hasta en su sexo diciendo) porsiacaso (mira a Teresa que está llorando, se le acerca) pero ¿por qué estás chillando? Si por el contrario deberías estar agradecida de haberte casado conmigo. Es qué razón tenían mis amigos en decir que yo debí haberme casado con una reina de belleza. Es que mira no más (se pone de perfil) este perfil griego, esta nariz aguileña, estas piernas atléticas. Es qué razón tenían mis amigos al decir que yo debía casarme con una reina,(al público) pero miren nomas con quién me vine a casar: con una reina...cuajo. Y ya sabes, tienes que ir a trabajar. (Sale)

TERESA: (Llorando)

¡No, no, pero qué vida tan arrastrada esta, ya no puedo más! llamaré a mi amiga Enriqueta(Se dirige al teléfono). Aló amiga Enriqueta, sí, el Emeregildo ya se fue puedes venir, bueno entonces te espero, oqueyes, oqueyes. (Después de unos momentos tocan a la puerta).Uy se vino volando.

TERESA: (Abre la puerta, saluda a Enriqueta con un beso)Entre pa' dentro querida.

ENRIQUETA: (Mirando al interior de la casa)

¿Ya se fue? (Teresa afirma sí, con la cabeza) Bueno, entonces principiemos con algunos chiquitos ejercicios. Cuéntame ¿Cómo lo hace?

TERESA: (La mira y baja la cabeza apenada). Ay, querida, es que me da mucha pena contarte.

ENRIQUETA:

Vamos querida. Cuenta, cuenta.

TERESA: (Moviendo su cuerpo como tratando de darle la vuelta, torciendosu delantal y mirando al techo)

Es que la verdad me da mucha vergüenza.

ENRIQUETA: (Poniéndose un poco incómoda) Cuenta, cuenta, que para eso somos amigas.

TERESA:

¡Ay querida!, es que es algo tan íntimo.

ENRIQUETA: (Un poco asustada y avergonzada)

No, querida de eso no. Lo que quiero que me cuentes es cómo te pega.

TERESA:

¡Ahí! Bueno. Verás, primero llega y pega un grito bien fuerte.

ENRIQUETA:

Pues entonces tú lo gritas más fuerte todavía.

TERESA:

Luego, él se aproxima, me amenaza y me pega. (Le pega una cachetada aEnriqueta que le hace dar una vuelta)

ENRIQUETA: (Sobándose la mejilla)

¡Ay, qué bruta! ¿Así de duro pega tu marido?

TERESA:

¡Off! Y más todavía.

ENRIQUETA:

Bueno, entonces vuélvelo a hacer otra vez.

TERESA: (Sorprendida)

¿Estás segura?

ENRIQUETA:

Sí, vuélvelo a hacer.

TERESA:

Bueno, tú lo quisiste. (Intenta pegarle a Enriqueta, pero ella le coge la mano, la tira al piso y se la tuerce poniéndole una llave)

ENRIQUETA:

Entonces, tú lo coges así, lo tiras al piso y ahí le haces prometer de todo.(Le ha torcido el brazo y la ha tirado al piso de rodillas)

TERESA: (En el piso de rodillas)

¡Ay Pero eso duele mucho!

ENRIQUETA:

Claro, pero a él le va a doler más todavía. ¿Oquey?

TERESA: (Quejándose)

Bueno, bueno, oqueyes, oqueyes. (Se levanta tratando de enderezarse y cogiéndose las caderas) con esto ya tengo para esta noche.

ENRIQUETA:

Bueno querida, ahora me voy. ¡Ah! y no se te olvide practicar. Chao bay,bay,(Sale)

TERESA:(Se queda sola sobándose las caderas)

Vaice, vaice, bueno tengo que practicar (busca la escoba, para practicar lallave) a ver cómo fue que me dijo que haga, cuando me vaya a pegar, le cojo la mano, se la tuerzo, le pongo la rodilla en la espalda y ahí le hagoprometer todo. Vas a trabajar, vas a barrer, creo que con eso es suficiente. Ahora me voy a esconder. Parece que ahí viene el Emeregildo,(seesconde)

EMEREGILDO:

(Entra borracho, cantando l a cuchilla) Si no me queréis, te corto la cara con una cuchilla de esas de afeitar… El día de la boda te doy puñaladas, te arranco el ombligo y mato a tu mamá… (Se sienta). Hogar dulce hogar. (Grita) ¡Teresa! (no aparece) ¡Teresa (poniéndose de pie) ¡Teresa!

TERESA: (Teresa sale furiosa)

¿Qué pasa?

EMEREGILDO:

Sírveme un trago.

TERESA:

Sírvetelo tú.

EMEREGILDO:

¿Es que esta perra me está haciendo oír mal? O es que me equivoqué decasa, ¡Que me sirvas un trago te digo! TERESA: (Poniéndosele de frente) ¡Que te lo sirvas tú, si te da la gana!

EMEREGILDO:

¿Ah sí? Entonces vas a ver. (Se saca el saco, se remanga la manga de la camisa del brazo derecho y le va a pegar una bofetada. Teresa se le pone de frente le coge la mano, se la tuerce y lo tira al piso).

EMEREGILDO:

(En el piso arrodillado con el brazo torcido y Teresa encima le hace prometer todo)

TERESA: ¿Vas a cocinar?

EMEREGILDO:

Sí, Teresita.

TERESA:

¿Vas a trapear?

EMEREGILDO:

Sí Teresita, sí Teresita.

TERESA:

Bueno, entonces ahora a la cocina. (Lo saca a empujones)

EMEREGILDO:

¡Ay!, se me pasó la chuma. (Sale corriendo) TERESA:

(Al público) Me dio resultado. Mañana le cuento a mi amiga Enriqueta. (Tocan la puerta). Pero ¿quién podrá ser a estas horas? (Grita) ¡Emeregildo! EMEREGILDO:

(Sale corriendo puesto el delantal y muy sumiso) ¿Si Teresita?

TERESA:

¿Qué no escuchas que están tocando la puerta?

EMEREGILDO:

Sí, Teresita. (Se queda al lado de Teresa)

TERESA:

Entonces, ¡Ve a abrir!

EMEREGILDO:

Sí, Teresita. (Sale corriendo abrir)

ENRIQUETA: (Entra con el ojo morado, y agarrándose una

nalga)

¡Ay, ay!

TERESITA: (Asustada)

¿Pero qué te pasó querida, te atracaron?

ENRIQUETA:

Sí, ¿Qué digo? No. Fue mi marido.

TERESA:

¿Tu marido? ¿Y qué pasó?

ENRIQUETA:

Sí, fue mi marido. No sé quién lo aconsejó. Llegó a la casa como una fiera, se me abalanzó, me pegó y aquí me tienes.

TERESA:

Bueno, pero siéntate.

ENRIQUETA: (Se va a sentar y pega un grito...)

¡Ayayay! TERESA: ¿Qué pasó?, ¿algún clavo? (Mira el asiento)

ENRIQUETA:

No, es que me pegó en él, en el... (Cogiéndose la cola)¡Ah!, tú ya sabes.

TERESA:

¡Ahn, yaaa!... En cambio, a mí sí me dio resultado. Vas a ver(Grita)¡Emeregildo!

EMEREGILDO:(Entra corriendo)Sí, ¿Teresita?

TERESA:

Tráenos un café.

EMEREGILDO:

Sí Teresa. (Y se queda al lado de Teresa)

TERESA: (Se dirige a Enriqueta)

¿Te das cuenta?

EMEREGILDO: (Agachada la cabeza)Sí, Teresita.

TERESA: (Dirigiéndose a Emeregildo enojada)Contigo no es, es con mi amiga.

EMEREGILDO:

Si, Teresita.

TERESA:

Que no sabes decir otra cosa: que no Teresa, que sí Teresa.

EMEREGILDO:

No, Teresa.

TERESA:

Bueno, bueno, a traernos un café.

ERMEREGILDO: Si Teresita. (Sale corriendo) ENRIQUETA: (Sorprendida mirando a Emeregildo)No lo puedo creer y cómo lo hiciste.

TERESA:

Pues con los consejos que tú mediste fue suficiente, ¿Y dime, tú que vashacer?

ENRIQUETA:

No sé... Creo que tendré que esconderme porque me anda buscando y sime encuentra me mata.

TERESA: (Furiosa) ¿Pero qué pasaría con el café? (Gritando) Emeregildo ¿Qué pasó con elcafé?

EMEREGILDO:

(Desde adentro)

Espere Teresita que parece que se me quemó.

TERESA: (Furiosa)

Si no vienes con el café voy y te saco a palos.

EMEREGILDO: (Entra corriendo con el café)

Tome Teresita, (a Enriqueta) tome señora, (en esos momentos tocan la puerta y Enriqueta se asusta y se esconde detrás de Teresa y Emeregildodetrás de ella)

ENRIQUETA:

Escóndeme que debe ser él.

TERESA:

Tranquila, Enriqueta que yo te defiendo, Emeregildo no te escondas detrás de Enriqueta, ¿Que no oyes que están golpeando?

EMEREGILDO:

Sí Teresita.

ENRIQUETA:

Pues ve abrir ¡Qué estás esperando!

EMEREGILDO: (Va abrir corriendo, abre la puerta entra Miguel)

Al mirar a Emeregildo con delantal, Miguel comienza a reírse a carcajadas. Revolcándose en el piso.

MIGUEL:

¿Y tú en esas?(sigue riéndose)¿Y que pasó con los concejos que me diste?

EMEREGILDO:

Bueno, bueno, no te burles que a ti también te tocó ponértelos (mostrandoel delantal)

MIGUEL:

Bueno, pero eso fue antes, ahora ya no, y... ¿Dónde está mi mujer?

TERESA:

Con que muy machito, ¿no?

MIGUEL:

Usted no se meta.

TERESA: Me meto porque es mi amiga.MIGUEL:

¡Que usted no se meta, le digo! o no respondo ¡Vieja bruja!

TERESA:(Indignada)

¿Bruja yo?, Emeregildo me dijo bruja, ¡defiéndeme! (Lo empuja para que ladefienda)

EMEREGILDO:

Bruja mi mujer haber... (Se acerca y mira a Teresa)

TERESA: (Indignada) Pero ve este, ¡defiéndeme!

EMEREGILDO: (Frente a Miguel)

Más bruja será tu mujer que parece vaca.

ENRIQUETA:

¡Ah!, me dijo vaca, ¡Miguel defiéndeme! (Lo empuja)(Todos empiezan a pelear. En esos momentos entra la vecina una vieja chismosa)

VECINA:(Despeinada   y   con   una   bata   de   dormir)

Vecinos porqué es que pelean tanto, no hagan tanto escándalo y dejendormir.

TODOS:

¿Qué?, a usted que le importa vieja loca no se meta.

VECINA:

¡Ya verá! Voy por la policía. (Sale y después de unos minutos regresa conel policía que entra con el bolillo y los amenaza)

POLICIA:

¡Alto ahí, en nombre de la ley o disparo! (Apuntando con el bolillo)

EMEREGILDO: (Todos levantan las manos y cierran los ojos)

¡No dispare, no dispare, por favor! Que solo estábamos jugando (dicen todos, pero al darse cuenta que está apuntando con el bolillo, todos le caen encima y lo golpean)

MIGUEL:

¡Con que muy machito el polochito este, no! (La vecina sale corriendo alver que están apaleando al policía)

VECINA:

¡Aguante mi polochito que voy por refuerzos! (Sale corriendo y, después deunos segundos, entra con el cura)

CURA: (Entra, mira la pelea se emociona, hace el amague de estar peleando, hace barra a Miguel)

Dale un gancho de izquierda ¡Tú puedes! (En eso se acerca Miguel y por pegarle a Emeregildo le da un puñetazo al cura que cae al piso, todos ayudan al cura a levantarse)

ENRIQUETA: (Asustada, hacia el público)

¡Uyy, el padrecito!

TERESA: (Le ayuda a levantarlo)

¡Ay padrecito! Casi le pegan, perdonará. CURA: (Levantándose aturdido)

¡Ay! ¿Dónde estoy, dónde estoy? (Reaccionando) a ver, ¿quién me pegó? Gavilleros, montoneros. (Les pega a todos con su gorra) ¿Por qué no se meten con uno de su tamaño? (Mira al policía sin camisa en el piso) y tú que haces viringo ¡corrupto! Mira no más como estás ¡Inmoral!

TERESA:

Sí padrecito. Regáñelo, regáñelo.

CURA:

Tú…¡Cállate! Y mejor cuéntame ¿Qué es lo que pasó aquí?, ¿por qué seestán peleando?

TERESA:

Bueno padrecito, pues verá. Lo que pasó es que antes el Emeregildo memandaba a mí...

ENRIQUETA:

Y yo mandaba al Miguel.

MIGUEL: Pero eso ya pasó. Ahora mando yo. Padrecito (Lo dijo con orgullo)

TERESA:

Sí, yo también mando padrecito.

CURA:

¡Hijos míos! Pero no entienden que si ustedes se casaron es para que vivan como una familia, sin agarrarse como perros y

gatos. (A Enriqueta)mira no más como te dejaron el ojo, bolón.
(A Teresa) y mira Teresa tú como estás de despeinada. Hijos
míos, Dios quiere que vivan en paz con sus maridos y mujeres,
y para que los ayude a vivir en paz, deben aportar a la Santa
Iglesia con su limosna. (Pide limosna con una talega)

TODOS:

¡Uh!… solo por la plata. (El Cura pide a cada uno hasta que
llega a Enriqueta)

CURA:

Vamos tú debes aportar a la iglesia.

ENRIQUETA:

Es qué no tengo, padre, el Miguel se gastó todo.

CURA: (Mirando sus senos)

De la caja menor hija, de la caja menor.

ENRIQUETA:

¡Ay padrecito!(Saca del seno un billete y se lo entrega, el cura
se

despide yse quiere ir)

EMEREGILDO:

Padrecito, padrecito, pero no se vaya, mire que todavía están
trompones

¿Por qué no hacemos algo para reconciliarnos?

CURA:

¿Y qué podríamos hacer, hijo?

EMEREGILDO: (Piensa)

¡Ya sé, una fiesta! (Todos, ¡sí, una fiesta!)

CURA:

No, una fiesta no.

ENRIQUETA:

¡Y con traguito! Padrecito.

CURA: (Mira Enriqueta y acepta)

Bueno, una fiesta. Y… ¿Quién pone el traguito?

MIGUEL:

Pues la verdad padrecito, de las limosnas, ¿por qué usted no se gasta untraguito?

CURA: Pero ¡Cómo se te ocurre! Esto es sagrado, es para la Casa de Dios.

TERESA: Pero padrecito, mire que sería una obra de caridad. Además, nosotros no vamos a avisar a nadie. CURA: (Pensando) Bueno, pero ustedes ponen la mitad. VECINA: Sí padrecito, ponga solo la mitad; yo le ayudo con la otra mitad.

CURA: Bueno Miguelito, cómprate una botellita, de ese baratico del Ecuador (Miguel sale a comprar, la fiesta se prende. Todos bailan, se emborrachan,el cura se duerme, también borracho, y Miguel le coquetea a Teresa, Emeregildo se da cuenta, le busca pelea, se agarran entre todos y salencorriendo, el cura se queda durmiendo en la silla, pero regresa el policía,despierta al cura y salen corriendo)

Fin.

SUEÑOS DORMIDOS

Teatro Experimental Drama Nota preliminar: Se parafrasea algunas de las frases de Carlos Marx, se toman igualmente ciertas expresiones de las canciones "escaleras al cielo", "honestidad". Y algunas frases de Facundo Cabral.

La obra se presentó por primera vez el diez de enero de 1994 con la fundación Alturas Teatro, bajo la dirección del licenciado en arte dramático Chucho Peña, en el Teatro Javeriano de la ciudad de Pasto. En el marco del Festival Juvenil CREA con el siguiente reparto:

HOMBRE 1: Jorge Olarte:

HOMBRE 2: Leonardo España:

HOMBRE 3: Álvaro Erazo:

LA MUERTE: Oswal Erazo:

SICARIO: Julián Santacruz:

DIOS MONJE: Gabriel Diachardi

Técnico de luces y sonido: Jesús Benavides

Dirección General : Chucho Peña

Características de los personajes:

HOMBRE 1: Sueña con ser profesor y se convierte en indigente.

HOMBRE 2: Sueña

con ser doctor y se convierte en policía.

HOMBRE 3: Sueña con ser hombre y se convierte en homosexual. DIOS MONJE

el que les da vida y guía el destino de los personajes. MUERTE : Asedia a los personajes (Diablo).

MILITAR : Sicario.

ESCENOGRAFÍA

Tres pergaminos o diplomas magnánimos enrollados, penden del techo del proscenio del escenario, en el trascurso de la obra empezarán a desenrollarse y al final de la obra los pergaminos caerán al piso dejando

ver claramente el rotulo de cada personaje. Estarán ubicados uno en el centro abajo, otro en la izquierda abajo y otro en la derecha abajo del escenario, cada uno estará iluminado con un reflector, desde arriba y desde abajo. Seis o siete libros desproporcionados y muy gruesos; cada personaje debe estar recostado en el piso boca abajo y su cabeza debajo de cada pergamino. Un dado gigante de icopor o cartón de un metro cuadrado, una muñeca de trapo pequeña y deteriorada, una cartera, de mujer, muy usada llena de elementos de maquillaje con una cajetilla de cigarrillos, tres telones blancos de tres por dos metros; que cubran totalmente a los personajes, un telón blanco de tres por tres metros que cubrirá al monje o Dios, un trono o una mesa elevada sobre cincuenta centímetros de alto.

El escenario: La caja italiana, totalmente oscura; el espacio de la obra es un lugar inventado, soñado, absurdo; con una atmosfera misteriosa, surrealista, al iniciar la obra, pero se irá perdiendo en el trascurso de la obra, alcanzando el naturalismo en la mitad de la obra, luego volverá al surrealismo hasta el final. Los personajes trabajarán, inicialmente, desnudos, tienen la cabeza rapada, tendidos en el piso y cubiertos con untelón; se requiere de un trabajo corporal, muy preciso en cada movimiento, al igual que una danza muy simbólica y teatral.

PRIMER ACTO

En el centro del escenario, en la parte del fondo, cerca al ciclorama, en un nivel alto, en un trono, aparece un monje en posición fetal, cubierto con untelón blanco que simboliza la vida; es el Dios de la creación. Más adelante, en un nivel bajo, y distribuido en tres partes del escenario, cerca al proscenio: uno a la izquierda otro en el centro y otro a la derecha, están tres personajes tendidos en el piso, totalmente desnudos, cubiertos únicamente con un telón blanco.

Al sentir los latidos de un corazón, el monje ubicado en el trono, en posición fetal, comienza una serie de movimientos rectos y entre cortados al ritmode los latidos del corazón que lo van incorporando lentamente hasta alcanzar una posición totalmente erguida; luego levanta las manos se despoja lentamente del telón, como si fuera su piel y se la arrancara lentamente quitándose una cascara de su cuerpo, que al hacerlo le produce unos terribles dolores. Al terminar de quitarse el telón, el ritmo dela música cambia, lo mismo que los movimientos corporales del monje, se vuelve como un titiritero que mueve con sus manos, desde su trono, a los personajes que están tendidos en el piso. Ellos, inicialmente, se mueven debajo de su telón, como serpientes o larvas (movimientos ondulatorios y constantes); luego como micos y finalmente como hombres, (mostrando la evolución de la célula y del hombre) el monje se moverá en su trono inicialmente como si estuviera teniendo un parto de pie, dando a entender que es él quien los está pariendo o los está inventando.

Todos los personajes, al alcanzar una posición vertical, cubiertos todavía con sus telones quedan de espaldas al público, únicamente dejan al descubierto su faz; luego, al unísono, giran quedando de frente al público.(Posición abierta)Y Empiezan a balancear su cuerpo como si fueran un péndulo. Adelante y hacia atrás, en esos momentos, del extremo derecho del techo del escenario se surge un dado gigante que oscilan de derecha a izquierda. El monje Dios, empieza a descender lentamente de su trono, atrapa el dado gigante, con expresivos movimientos de danza contemporánea se acerca sigilosamente a cada uno de los personajes, permitiéndoles echar un vistazo al número que le tocó en el dado.Seguidamente, lo muestra al público, esta acción la repite con cada uno de los personajes, que no dejan de balancearse y que observan cuidadosamente al monje, seguidamente él monje esconde el dado detrás del escenario. Regresa a su trono, los demás personajes al percatarse de que el monje ya no está, comienzan a soltar carcajadas lentamente hasta alcanzar fuertes risotadas, a su máximo expresión, (volumen) en esos momentos el monje enmudece a los personajes con un grito desde su trono.

DIOS: MONJE:

¡Silencio!, ¡silencio! Todo está epístola do, todo está consumado. En las penumbras no basta con el resplandor del sol. Bienaventurados los

mentecatos porque de ellos será la monarquía de la tierra. Para todos los que persistan en la vida, siempre se vislumbrará una nueva esperanza. Se tienden dos sendas por las que pueden transitar, pero solamente una de ellas los comunica con su sueño. En el largo sendero frecuentado tendrán tiempo de modificar la ruta escogida, y como viento en tormenta se desboca, campo abajo, con esas filosofías más encumbradas que sus propias tristezas; prenderán esa luz limpia que les reflejara cuántas cosas se pueden cristianizar en oro; si esos oros tienen raíces aceradas, la armonía por fin encharcará sus corazones y, cuando todos seamos uno y uno seamos todos, nos convertimos en un guijarro gigantesco y no rodar. La ternura suele dormirse por relámpagos robusteciendo el alma, así como la exactitud es un camino lóbrego, todo es especulado, pero ustedes pueden ser la verdad por donde broten y sumerjan la transparencia y castidad. El mundo, con sus ilusiones, es de ustedes, en sus corazones están los sueños dormidos que deben empezar a despertar.

Al terminar la disertación, los personajes al ritmo de una música pausada y misteriosa, comienzan a desprenderse lentamente los telones de su cuerpo, es como si fueran saliendo del vientre de una mujer o quitándose una cáscara de su cuerpo que también les producirá terribles dolores; obligándolos a emitir sonidos y gemidos que reflejan el dolor en los rostros cuando logran extraer inicialmente una mano, luego la otra y así sucesivamente hasta lograr despejar o liberar totalmente su cuerpo que queda desnudo fuera del telón, (expresión corporal enfatizando el rostro)

El monje desde su elevado trono, refleja también en su cuerpo el dolor de lo que supuestamente está creando, retorciendo y encogiendo su cuerpo, es una danza, de alumbramiento, de concebir unos nuevos seres (trabajo corporal danza teatro). Los personajes al terminar de salir del cascaron o telón, miran asombrados su cuerpo por primera vez, se reconocen a sí mismos, miran el espacio también con asombro por ser la primera vez que miran eso, luego miran a los demás, vuelven a mirarse a sí mismos y lentamente con gestos de maravilla comienzan a tocar cada parte de su cuerpo reconociéndose (todo debe ser pausado y expresivo al ritmo de la música, es como una danza lenta surrealista)

Después de reconocerse a sí mismos con el tacto y la mirada, observan sorprendidos a su alrededor, examinan todo el espacio, se desplazan dos pasos cortos a la derecha luego a la izquierda, se miran detalladamente entre ellos, se acercan los dos personajes de la derecha y de la izquierda al personaje del centro del escenario; se tocan con mucho temor y cuidado, le tocan un hombro con curiosidad a su compañero y después se tocan el suyo y se miran su propio hombro, así lo hacen con cada parte del cuerpo, es como reconocerse su propio cuerpo a través del otro, mostrando también que es único pero que hay otros cuerpos y órganos similares a los suyos, en especial al personaje del centro, cuando intentan tocarle los órganos genitales del personaje del centro se avergüenzan, tratan de esconderse y de cubrir su sexo.

Los protagonistas atemorizados, cobijando sus órganos con sus manos, se ubican en fila india en tres niveles en el centro abajo cerca al proscenio: el primero en un nivel bajo de rodillas; el segundo detrás en nivel medio enderezando un poco las rodillas, el tercero en nivel alto detrás del segundo ya erguido. Los personajes forman una especie de abanico estirando y recogiendo sus brazos como si fueran alas aprendiendo a Volar, de frente se miran sus manos como las de las diosas árabes que tienen varios brazos y manos. Es una danza en la que forman una coreografía con sus cuerpos donde se muestra la necesidad de unirse, de la socialización del hombre para evolucionar en comunidad.

Al cambio del ritmo de música, los personajes se retirarán lentamente de la imagen o coreografía que formaron, comienzan a escudriñar algo en todo el espacio escénico; al inicio quedamente casi que en cámara lenta, luego sienten que la desesperación los empieza a vestir, obligándolos a acelerar búsqueda hasta llegar a la desesperación que se refleja en las carrera que hacen por todo el escenario, hasta que agotados, caen al piso muy agitados, en esos momentos se encienden tres reflectores desde el techo del escenario que ilumina unos pergaminos o títulos enrollados que penden del cielo del escenario, que más adelante se verá que identifica a un profesor, un hombre y un doctor.

Los actores, se sumergen como en un sueño placentero, se levantan lentamente, miran cada uno su pergamino por todos lados, llenos de curiosidad; luego tratan de alcázar el sueño que esta elevado y les es imposible agarrarlo, estiran las manos, dan pequeños brincos, alargan su cuerpo parándose en la punta de los pies, y cansados se sientan debajo de su pergamino; piensan, reflexionan, planean como alcanzar su sueño; en seguida miran a sus compañeros, se dirigen a ellos, miran también el sueño de su compañero, buscan diferentes elementos en el piso hasta que cada personaje toma un libro de los que tenía bajo su pergamino, comienzan a observar asombrados el libro, como si no supieran para que sirve; le dan diferentes usos, se paran sobre él para alcanzar el sueño sin lograrlo, es un juego con el libro hasta agotarse.

Agotados por los diferentes intentos de alcanzar el sueño, se derrumban en el piso, después de una corta pausa miran de nuevo el libro con nuevas esperanzas, lo toman ya sosegadamente, abren el libro, comienzan despacio a leer sus páginas, pasando una a una las paginas quedamente, luego más rápido hasta hacerlo velozmente, desesperados, asustados terminan el libro, lo tiran al piso conmovidos, miran el libro de los otros personajes lo toman, lo leen de la misma manera, primero lento y luego rápido casi violentamente, lo tiran asustados, eso lo repiten con el libro de los demás personajes, es como si se llenaran de información, luego regresan, a su puesto toman el libro que tenían inicialmente, comienzan a leer extrañados, es como si encontraran la verdad o lo que estaban buscando.

PROFESOR: (Con tono afirmativo, interrogándose al mismo tiempo)

El mundo no fue creación de ninguno de los dioses, ni de los mortales, sino que siempre fue y será fuego eternamente vivo, que se apaga y se enciende con medida.

HOMBRE: (Con ademanes femeninos exagerados)

Quien tiene la razón los sentidos o la razón, somos o no somos, he ahí el dolor de la miseria humana, el conflicto eterno de los hombres.

DOCTOR: ¡Silencio! Somos el pasado, la historia en el silencio, la ecuanimidad de la vida sostiene que cada quien recibirá exactamente lo que merece y nada pasa en la vida sin razón. Rápidamente los personajes continúan tratando de alcanzar el pergamino con mucha energía, como si lo que leyeron les brindara la fortaleza para continuar; sin embargo ,después de tres intentos, caen de nuevo al piso macilento. En el piso comienzan a recoger su cuerpo como encogiendo cada una de sus partes, luego se levantan con una sensación de intensofrío, sienten hambre, se nota en los bostezos largos que cada uno realiza, salen del escenario primero los dos de los extremos, cada uno por su lado, únicamente se queda el actor del centro quien después de bostezar, de percatarse de que está solo, sale corriendo.

SEGUNDO ACTO

Entra corriendo la muerte, soltando una larga carcajada.

MONJE: (Está mirando a la muerte desde su trono y le dice:) ¡Calla!, tu risa es como el veneno del ponzoñoso animal henchido de odio y resentimiento, la muerte no puede llegar sin mi consentimiento.

MUERTE: (Riéndose) Te equivocas, tú no puedes hacer nada, yo llego cuando ellos me llaman, solo ellos tienen la potestad de decidir y la vida siempre dependerá de la muerte, el nacer es comenzar a morir. (sale riéndose)

MONJE:

¡Espera!, ¡espera!, Jamás podrás subyugar a la vida, ella está siempre llena de esperanzas del hombre, de ser lo que sueña.

TERCER ACTO

Entran todos los actores vestidos con una prenda que caracteriza al personaje: el policía con gorra y chaqueta militar, el hombre como homosexual, con una minifalda, peluca, maquillado como mujer, el profesor, que pasó por indigente, con un abrigo largo y harapiento, unos pantalones rotos. Cada uno se ubica debajo de su pergamino luego cada uno, con acciones, muestra la realidad que vivió y que lo llevó a ser lo que es. El Homosexual que se volvió drogadicto, camina inquieto por todo el escenario, siente ansiedad de consumir droga, busca por todas partes; en su cartera saca un cigarrillo lo enciende nerviosamente luego lo tira al pisolo mismo que su cartera, está rebosante de nervios, intenta arrancarse la ropa violentamente, es como un trance de locura y desesperación; se vuelve neurótico, agresivo, los demás personajes tratan de controlarlo sujetándolo de un brazo, de las piernas o del cuerpo, es como una danza de lucha en cámara lenta hasta lograr someterlo. PROFESOR:

¡Cálmate!, ¡ya! HOMBRE: ¿Calmarme?, he vivido sosegado durante cuarenta largos años, es punzante señalarlo, pero la vida ha sido un infierno, sin agonía, para mí; transité entre tinieblas espesas, primero me hicieron invisible para la sociedad moralista, luego me objetaron acechándome, qué culpa tiene eltuerto de ser tuerto, (cambia de actitud a la de una madre) no juguetees con varones, ellos son toscos y groseros, te pueden hacer daño, no, tampococon carros, mejor juega con esto (muestra una muñeca) tú eres la niña que tanto soñamos, tendrás todo lo que demandes, siempre te consentiremos como la pequeña princesa que eres (llora, luego cambia de actitud a la de un hombre) así cambiaron mi destino; así hicieron de mí lo que no era.(Cambia la actitud a la de un homosexual)¡Hola! querido, quieres divertirte conmigo, ¡ah!… yo soy Margarita, así dijo mamá, está bien guapo no tardes, te espero, (cambia su actitud a la de hombre) nadie tardaba, fueron años de engaños (furioso) la vida es una mierda y lo peor de todo es que somos parte de esa mierda y los anhelos de vivir, muchas veces, sefueron muriendo, se fueron destruyendo.

PROFESOR:

¡Calla no sigas!, no sigas, no ves que mi cuerpo tiembla de frío y mis entrañas se retuercen en las fauces de la tristeza; tus palabras son como ballestas de fuego que calcinan mi alma, (decepcionado y derrotado) todo se ha podrido, únicamente se quedan en la memoria de las pesadillas, en el anhelo de la ilusión de un sueño que se durmió; y a si esté lejano permanece vivo con la ilusión que juega en mis manos temblorosas y cansadas, pero ansiosas de luchar para alcanzar mi sueño. Comienza apilar, con entusiasmo, los libros y los diferentes elementos, para construir algo así como un escalón para alcanzar el pergamino.

POLICÍA: (Borracho, se ríe) ¡Cobardes! la vida es el edén, no hay esperanza si no lucha constante, el destino se labra todos los días individualmente, nadie puede ser lo que noquiere. Pero, con todas las vicisitudes el mundo es todavía hermoso, y son nuestros sus encantos para sentirlo y vivirlo, si se levantan no habrán caído, debemos brillar con nuestra luz y no con velas emprestadas. La tristeza, es un pedazo de alegría, la derrota hace parte del triunfo; así como la lluvia es parte del sol y la noche no vive sin el día, El sueño no ha muerto todavía, aún se puede hacer realidad. Luchar es la imagen auditiva, (con entusiasmo acomoda sus cosas) sí luchar. Los personajes se miran entre sí preguntándose algo con los ojos; buscan en su espacio, salen del escenario, primero los de los lados, luego los delcentro.

CUARTO ACTO

Aparece corriendo y asustado un encapuchado, se dirige al centro del escenario, mira a todas partes impresionado constatando que nadie lo mire, se despoja del capuchón permitiendo apreciar su fisonomía que estaba pintada como lo hacen los soldados antes de combatir y se puede apreciar, también, un leve parecido a Hitler.

SOLDADO:

Nunca comprenderemos, jamás razonaremos, la razón sólo es prueba de que estamos equivocados, venimos de aquí, de allá, qué más da, si aquí no hay leyes,(comienza a destruir lo que hicieron los personajes con los libros y sus cosas) aquí no hay fórmulas, aquí no hay nada, únicamente se tienden sombras, sombras y el cruel dado del destino que decidió la vida de los hombres a sus espaldas. El hombre mira de nuevo a su alrededor se pone de nuevo su capucha, extrae de su bolsillo un aerosol de pintura, vuelve a barrer con su mirada el lugar percatándose de que nadie lo observe y escribe un grafiti en un telón que el monje ha extendido en sus manos. Hemos asesinado a dios, ahorasomos libres de ser buenos o malos, solo por nosotros mismos, (Se acercaal público y dice susurrando) no hay dios somos los amos, el principio y el fin de todo, (deja tirando el aerosol y sale corriendo)

QUINTO ACTO

Entran los tres personajes, cada uno con el objeto que le hacía falta para alcanzar el pergamino o sueño, al mirar los escalones destruidos se arrojan sobre ellos llorando, sintiendo la verdadera derrota de la vida. Se escucha un disparo; cae primero el personaje del centro, luego de otro disparo el de la derecha y luego de otro el de la izquierda. Del techo del escenario comienzan a caer, los rótulos que son diplomas o pergaminos de cada personaje, que ahora se lee muy claramente lo que dicen: La vida otorga el diploma a este ser como hombre, de esta tierra. El monje deja caer el telón donde escribió el encapuchado se despoja de la túnica mira a sus personajes, luego observa al público y se sienta, triste despeinado, pensativo como filosofando, se apagan las luces lentamente.

FIN.

EL ENEMIGO PERDIDO

Teatro experimental. Comedia Esta obra se presentó por primera vez en el teatro de la institución san Juan Bosco en la ciudad de Pasto, bajo la dirección de Chucho Peña. Nota preliminar: El espacio escénico es una oficina amplia con un escritorio y unas sillas, como escenografía, se atizará libros y elementos que usa un soldado todos deben ser grandes y viejos y hechos en papel excepto las tulas o equipos que usan los soldados en la guerra. Personajes:

MADRE: Mujer anciana

GONZÁLEZ : Soldado joven

FERNÁNDEZ : Soldado joven

CABRERA : Soldado joven

GARCÍA : Soldado joven

CAICEDO : Soldado joven

ERAZO: Soldado joven

CÁRDENAS : Soldado joven

SARGENTO : Hombre adulto

ACTO PRIMERO MUJER: La patria ya no sabe a nada, ya no calienta el sol en la aurora, el péndulo de la vida dejo de mecerse, se cristalizó con la ausencia de mis hijos. Soplan vientos furiosos de guerra, la tormenta está cerca, que se cubran los niños y se escondan los ancianos. Arruinaron los sueños apabullados por los inaplazables conflictos sociales, apertrechados en las tristes trincheras negras de su pasado. Ojalá que la guerra no asesine los sueños, ni desgaste los colores, del alma de los muertos.

Al escucharse una música de guerra, aparecen siete soldados que surgen de los costados de la platea donde estaban escondidos del público, se dirigen al escenario como marchando por la montaña apuntan con sus fusiles siempre alertas, observan temerosos hacia los cuatro horizontes como buscando algo, se ubican en él escenario donde se adecuan las sillas y el escritorio como trincheras y se pertrechan detrás, ellos; la música cambia de ritmo, se vuelve sosegada, en esos momentos sale el sargento, tiene el semblante semejado al de Rambo, armado hasta los dientes, tiene su rostro pintado de rayas negras y verdes, mira frisos a los soldados, permanecen detrás de las trincheras se escucha la voz en of.

VOZ:

Ley general de la república, todo tierno ciudadano que haya alcanzado los dieciocho soles o también que haya culminado sus estudios secundarios, tiene la obligación de engrosar las filas de la muerte, porque aquel que muera o mate por su patria, ella lo premiará de lo contrario ella lo juzgará y los condenará.

MADRE: (Aparece llorando)

No quería que los distancien de mi lado, ellos todavía son tiernos, apenasestán dejando los juegos, en su corazón todavía no se alberga el odio, apenitas ayer Carlitos cumplió los quince no quería graduarse, paraqué decía, sirve estudiar si te llevan obligado a matar. Hablaré con el sargento, no quiero acabar sola con este pucho de vida.(Sale)

Se escucha nuevamente la música de guerra, y salen nuevos soldados que se ubican detrás de las trincheras con sus armas, todos tienen aspecto de niños. El escenario se convierte en campo de guerra, el sargento muy enérgico y arrogante hace sonar un pito que al escuchar los soldados se forman frente al público.

SARGENTO:(Desde un extremo, dando el perfil al público) Soldados, ¿ya encontraron al enemigo?

SOLDADO:

Hemos buscado al enemigo por todos los rincones de nuestra memoria, pero no aparece por ninguna parte señor.

SARGENTO: (paseándose y pensando)

Deben escudriñar muy tupido, el enemigo es bastante astuto, suele deslizarse como reptil y puede aparecer en cualquier rincón, (gritando)

¡escóndanse no quiero que sean blanco fácil!

SOLDADO1: (se acerca asustado) ¡Señor! ARGENTO:

¡Dígame soldado, qué acontece! SOLDADO: Creo que el enemigo se nos perdió

SARGENTO: (furioso)

¡Cómo se le ocurre, no sea imbécil soldado!, el enemigo no puede perderse, ellos saben lo que hacen. SOLDADO: Señor, usted podría decirnos cómo es el enemigo.

SARGENTO: ¡Imposible!, eso es secreto de estado solo cuando el enemigo aparezca loconocerán.

SOLDADO: Nunca me gustaron las guerras, en ellas nadie gana todos pierden.

SARGENTO:

¡Cállese soldado!, no sea cobarde, nos corresponde descubrir al enemigo y debemos tener mucha moderación, cuando hablamos de la guerra, piense que puede estar insertado en cualquier lugar, debemos tener los

ojos en alerta, hay que ubicar al enemigo lo más expedito posible y es suobligación contribuir con toda su capacidad.

GARCIA:

Señor, señor.

SARGENTO:

Y… ahora, ¡qué pasa!

GARCIA:

No puedo moverme señor.

SARGENTO:

Debe ser el frio del miedo, no se preocupe soldado, cuando aparezca el enemigo tendrá que moverse.

GARCIA:

Y…¿Si me matan señor?, yo no quiero morir tan temprano yo quiero estudiar trascender en la vida, yo no quise estar en esta guerra que no esmía.

SARGENTO:

¡Qué está diciendo, insensato!

GARCIA:(Deja caer el fusil, casi llorando y de rodillas)
¡Señor!...¡Yo no quiero morir!

SARGENTO:(furioso)

Recoja el fusil inmediatamente, ¡no sea gallina! quiere convertirse en la vergüenza de su familia.

SOLDADO:

No señor…(Recoge el fusil).

SARGENTO:

Apunte soldado, apunte, y dispare.

SOLDADO:

¡No, puedo señor!, ¡no puedo!, no sé cómo se dispara un fusil; además, no tengo enemigos por eso no quiero matar a nadie.(Llora)

SARGENTO:

Mierda ahora resulta que usted no es hombre, cobarde. Maldita sea, el enemigo es el enemigo y debemos asesinarlo. (Se coge la cabeza, piensa, mira a todos y se sienta en el piso) diablos creo que yo también olvide quien es el enemigo. Soldado llame al comando central de inmediato y pregunte la forma del enemigo y si, ellos, saben dónde está.

SOLDADO:

Imposible señor, nos dotaron de un radio dañado, entonces la única alternativa que nos queda es aguardar en la trinchera con paciencia.

CAICEDO:

¡Señor, señor!, creo que escuche un ruido.

SARGENTO: (asustado)

¡Donde soldado, donde, dígame!

CAICEDO: (señalando un costado del escenario al público) Por allá señor.

SARGENTO: ¡Soldado Erazo!

ERASO:

¡Sí señor!

SARGENTO: Vaya a investigar el mencionado ruido. ERAZO: (asustado) ¿Yo señor?

SARGENTO:(Irritado) Por supuesto, no esperara que vaya yo.

ERAZO:(asustado mirando a todos que también lo miran)

¡Sí señor!

Se dirige temblando de miedo a donde supuestamente sale el ruido, el resto de soldados miran asustados a donde mira Erazo y lo siguen con la mirada, él llega cerca al lugar mira detenidamente hasta con un larga vistas, luego, encoje los hombros lo mismo que hacen los demás soldados y regresa ante el sargento ya calmado.

ERAZO:

Señor con la novedad de que no se ve nada por lo tanto se deduce que todofue una falsa alarma, purita falsa visión auditiva.

SARGENTO:

Soldados descansen, (piensa cogiéndose de la barbilla) si nosotros no conocemos al enemigo, seguramente él tampoco nos conoce.

FERNANDEZ:(cruzando los pies y nervioso)¡Señor!, ¡señor!, me permite una palabrita.

SARGENTO:

¡Dígame soldado!, qué se le ofrece.

FERNANDEZ: (Se le acerca incomodo, al oído, y le dice algo al sargento)SARGENTO:(Incómodo y furioso)

Para eso no necesita pedir permiso hágalo.

FERNÁNDEZ: (Más asustado)

¿Aquí señor?

SARGENTO: ¡No!, maldita sea, busque un lugar en el monte, al lado de un árbol.

 FERNANDEZ: ¡Si seño!(Sale corriendo) SARGENTO:(furioso) Ustedes debieron haberse quedado en la casa cuidando muñecas, en lamaldita guerra no caben los niños.

SOLDADO:

Señor yo considero que es menester una pista o una huella que contribuyaa identificar la imagen del enemigo.

SARGENTO:

Por fin se le ocurrió algo bueno recluta, Tiene usted mucha razón. Soldados fisgoneen en sus equipos puede haber algo que nos lleve a descifrar al enemigo (todos sacan de sus equipos las cosas que llevan yson juguetes que puede llevar un niño.

RIVERA:(un soldado saca un papel)

¡Señor!, señor encontré al enemigo!

SARGENTO:

Si soldado ¡Dígame quién es!

CABRERA:

Mi profesor de matemáticas señor, me hizo recuperar dos veces y aquí está la prueba, el examen reprobado, él tiene la culpa.

SARGENTO:

¡No sea estúpido!, su profesor de matemáticas lo único que quería era tratar de sacarlo de la ignorancia y veo que no lo logró.

CABRERA:

Pero…señor, si logre recuperar todos

SARGENTO:

Mejor guarde silencio, soldado y siga fisgoneando.

SOLDADO:

¡Señor! Encontré una caricatura crítica del presidente.

SARGENTO:(acercándosele al soldado amenazante) Dígame soldado es usted de esos comunistas ateos.

SOLDADO:

Pero…¿Por qué me pregunta eso señor?

SARGENTO:(mirando al soldado de pies a cabeza)

Detesto las ideologías revolucionarias, critican constantemente. Solamente una vez tuve un amigo con esas ideas y ahora está condenadode por vida tras las rejas, así que, ¡cuídese soldado!

GARCIA:

Creo que la cárcel sería mejor que esta trinchera, vamos a morir aquí y solos.

SARGENTO:

¡Cállese! no sea miedoso, cuénteme a que dedicaba su tiempo antes dellegar al glorioso ejército.

GARCIA:

Bueno señor aparte de estudiar, actividad que ya no puedo realizar. Me atraía mucho el arte de la danza.(Baila ballet)

SARGENTO:

¡Basta!, el arte y todas esas bobadas, en la guerra, no sirven, además pienso que la danza es para maricas. Imagínese soldado al legendario Rambo bailando ballet, usted cree que eso se vería bien.

GARCIA:

La danza es un arte y el arte sensibiliza y humaniza a los hombres.

SARGENTO:

¡Al carajo con su sensibilidad!, en la guerra eso nos estorba. La guerra es

deshumana, debe quedarle claro a usted que en el campo de batalla lo único que lo va a mantener vivo es el odio y el coraje al enemigo, eso lo hará fuerte e invencible.

CABRERA: (hay un silencio largo)

¿Cómo pudo pasarnos esto?

CAICEDO:

Como pasa todo en este país, los señoritos de camisa blanca hijos de papi y mami, los envían a estudiar en las mejores universidades y a la prole y a los plebeyos nos mandan a defender la patria; tenemos que pelear sus guerras y comer mierda en las trincheras de una guerra que no es nuestra.(Se arrodilla persignándose)Señor ya la noche devora la tarde y la muerte nos asecha, sé que la culpa también es de nosotros, sé también que tú no quieres que esto pase: Que una bala asesine a cualquier inocente.

SARGENTO:

Cállese, en el campo de batalla dios no está, aquí sus oraciones no

sirven.

GARCÍA:

¡Señor!,¡señor!, ya sé quién es nuestro enemigo.

SARGENTO: (extrañado)

¿Díganme quién es?...soldado

GARCIA:

¡Los libros señor!, esos seres que parecen muertos deben ser nuestros enemigos.

SARGENTO:

¿Los libros?,¿y por qué cree usted que los libros pueden ser nuestros enemigos?

CAICEDO:

¡Si los libros!, en ellos está la filosofía, las ideologías, … eso hacen que haya buenos y malos; también, los libros despiertan el pensamiento y enseñan a cuestionar porque los que no cuestionan son fáciles de manejar como los corderos, sargento, hay que matar a todos los libros.

SARGENTO: (recapacitando)

Creo que tiene razón,(gritando)¡soldados! todos destruyan los libros y escritos que tengan en sus equipos.(Comienzan todos a destruir los libros y escritos que tenían en sus equipos, un soldado se queda en el centro. Mira un libro que queda en el centro y cuando los soldados se le acercan) alto que pretende hacer ¡Este libro es la sagrada biblia!

FERNANDEZ:

Pero es un libro por lo tanto es nuestro enemigo, debemos destruirlo.

SARGENTO:

¡No!, imposible,(abre el libro lo lee) escuchen: amaos los unos a los otros, como yo los he amado, (mira al soldado)creen ustedes que esto es nuestro enemigo.

FERNÁNDEZ: Caicedo te equivocaste los libros no son nuestros enemigos.

SARGENTO:

Escuchen soldados envista de que el enemigo no aparece, o no podemosencontrarlo nos declaramos en alerta roja.

CAICEDO: (todos gritan bravo y brincan alegres hasta que un soldado sele acerca al sargento)

Señor, disculpe pero que quiere decir la alerta roja.

SARGENTO:

No sabe lo que es alerta roja, (dirigiéndose a todos) muchachos este soldado no sabe lo que es alerta roja, (todos se ríen) por favor que alguien le explique al soldado lo que es la alerta roja, (todos se quedan callados el sargento los mira y furioso) es que nadie sabe lo que es la alerta roja (furioso) busque en el libro de códigos.

ERASO:

No podemos señor, ya no tenemos ni un libro los rompimos todos.

SARGENTO:

Bueno, alerta roja quiere decir que el enemigo está aquí con nosotros, incluso puede ser cualquiera de nosotros, así que todos somos sospechosos.(Todos se alarman se miran con desconfianza y se alejan ensilencio)

GARCIA:

Creo que falta un soldado señor.

SARGENTO:

Eso nomás me faltaba un desertor, (furioso)tenemos que buscarlo y en- contrario. (Todos empiezan a buscarlo)

FERNANDEZ:

Señor, ya buscamos por toda el área y no hemos logrado encontrar nada, pero sospechamos que está por allá.(Señalando al público)

SARGENTO:

Está seguro soldado,(mira con un larga vistas al público) yo no veo nadapor allá y deduzco que por allá es peligroso.

CABRERA:

Veo muchas fieras y nos pueden atacar.

CABRERA:

¡Ah!... dejemos que se lo coman las fieras.

SARGENTO:

¡No sea cobarde!...Los soldados no le tienen miedo a nada, recuerde que los soldados son hombres de acero. Caicedo, García y cabrera, me siguen, el resto nos cubren y disparen a todo lo que se mueva.(todos se preparan y se dirigen al público, encabezando el sargento)

CAICEDO:

¡Sí señor!, pero si nos matan

SARGENTO:

¡No sea gallina!, en el ejército, se hace hombre por las buenas o por las malas, coja el fusil y dispare.

SOLDADO:

Señor, sí señor, olvidé decirles que yo, puse objeción de conciencia.

GONSALEZ:

Señor yo no quiero matar a nadie he considerado que uno no necesita sersoldado para ser hombre;

SARGENTO:

Mire soldado, nuestra misión es defender la patria.

GONSALEZ:

No puedo darle nada a la patria con este fusil.

SARGENTO:

Mire soldado, carezco de tiempo para lidiar con usted; además, usted yaestá aquí en el escenario de guerra, así es que, ya no le sirve de nada sus objeciones de conciencia, además, entiendo que esas vainas solo son un pretexto cobarde para no cumplir las sagradas obligaciones con la patria. Por otra parte, aquí se nos presenta un gran conflicto más importante que sus niñerías. Por razones desconocidas hemos extraviado el enemigo así que nos urge encontrar a ese enemigo, así que… ¡Levante ese fusil comohombre!

GONSALEZ:

s que…la verdad, temo que se pueda disparar, señor.

SOLDADO: Señor, haciendo algunas deducciones de quien puede ser nuestro adverso, deduzco que pueden ser las armas que portamos.

SARGENTO:¡No sea tonto! Soldado, las armas son lo único que nos puede mantenervivos, son nuestra defensa.

SOLDADO:

Conjeturar señor, si no existieran las armas, sencillamente no habría guerras porque no habría con que matar a la gente, porque no tendríamosque pelear con nadie.

SARGENTO: (Pensando)

Tiene algo de razón su deducción, sin embargo, las armas son una necesidad vital para cada país. (Sale afanado)

SOLDADO:

Yo aborrezco las armas, y si son nuestros enemigos propongo que las destruyamos inmediatamente. (Todos destruyen las armas pisándolas tirándolas lejos)

SARGENTO: (entra enojado al mirar a los soldados sin armas)

¿Qué pasó aquí?

SOLDADO:

Señor le informamos que la guerra acaba de terminar.

SARGENTO:

¿Cómo que la guerra terminó? y donde están sus armas.

SOLDADO:

Las botamos,

CARDENAS:

Sí, señor nos deshicimos de ellas, resultó que ellas eran el enemigo.

SARGENTO:

Imbéciles como se les pudo ocurrir semejante estupidez, ahora sí que estamos en graves problemas, quedamos en escenario de batalla y es

seguro que el enemigo debe estar a pocos pasos; además, ya empiezan a estirarse las tinieblas de la oscuridad y eso le ayuda a nuestro enemigo.

SOLDADO 1:

Señor, lo mejor es que empecemos a pensar cómo vamos a pasar la noche en esta montaña. Mi abuelo nos contaba que en las montañas al entrar la noche liberan las almas en pena y esas si matan a las personas.

SOLDADO 2:

¡Cállate! no digas esas cosas, que me da mucho miedo y cuando me da miedo…

SARGENTO:

¡Silencio!, escuchen muy atentamente soldados, porque todavía somos soldados de la patria y por consiguiente estamos obligados a comportarnos como tales, o yo mismo me convierto en alma en pena,

¿entendieron?

TODOS: (se ponen firmes)

¡Sí, señor!

SARGENTO:

Bien, tenemos que tranquilizarnos, nuestros cuerpos necesitan dormir, así que cada soldado tiene que encontrar en el perímetro un sitio seguro para dormir y donde el enemigo no lo pueda encontrar, dos soldados deberán prestar la primera guardia, ¿de acuerdo?

TODOS:

¡Sí señor!

SARGENTO:

Fernández y cárdenas prestarán la primera guardia, los que sobramos a dormir en silencio porque no debemos olvidar que todos debemos estar alerta preparados para cualquier cosa. (Todos se acomodan para dormir)

ERNANDEZ: (sentados en el proscenio en el centro del escenario)

Oye, no te vayas a dormir, la verdad que me da mucho miedo la oscuridad.

CARDENAS: No te preocupes que aquí no nos va a pasar

nada.

FERNANDEZ:

Tú crees en esas historias de espantos que cuentan los abuelos crees que sean ciertas. CARDENAS: No seas tonto esos son puros cuentos inventados por los viejos, nada de eso es verdad.

FERNANDEZ: Tienes razón, eso solo se lo inventaron para asustar a los niños y nosotros ya estamos viejos ¿cierto? (Mira a su compañero que se está durmiendo) Oye no te duermas.

CARDENAS: (se despierta asustado) ¿Qué pasa cuantos son?, todos a las trincheras.

ERNANDEZ: Cálmate, Cálmate, no pierdas la razón que no pasa nada.

CARDENAS:

Entonces me puedes decir por qué me despertaste, mira hermano, aquí enesta montaña no pasa nada, asi que hazme el favor y déjame dormir un rato entendido.

FERNANDEZ:

Y si viene el enemigo.

CARDENAS:

Mira el enemigo está perdido, no sabemos por dónde anda, así que no puede encontrarnos, por lo tanto, duerme y si tú quieres vigilar hazlo, pero a mí, déjame dormir entendiste (Se acomoda y se duerme luego el otro también se deja atrapar por el sueño).

Cuando todos están dormidos, empieza a escucharse una

música misteriosa que va aumentando cada vez más y de pronto aparecen unos extraños personajes, un duende, una bruja, un enano, la pata sola, etc. enesos momentos un soldado se despierta y se asusta despertando a los demás y luego tratan de despertar al sargento.

SARGENTO: (se despierta asustado pensando en que lo atacan) Todos a las trincheras a las armas, cubran la retaguardia, (los soldados se esconden tras el sargento y el sargento al darse cuenta de la realidad mira los fantasmas y se llena de pánico).Pepepe, pero quienes son ustedes.

FERNANDEZ: (asustado)

Debe ser el enemigo que por fin se deja ver.

 DUENDE: (se ríen a carcajadas)

Nosotros no somos sus enemigos hemos sido creados por la imaginaciónde los hombres, nos crearon con el fin de avivar el espejismo. Ustedes han invadido nuestra tranquilidad y por eso serán castigados. La guerra para nosotros era desconocida, vivíamos en armonía. Ustedes seráncondenados a vivir con el alma llena de resentimiento, su corazón ha sidorelleno de odio. Los valles y las montañas se han teñido de rojo con el pincel de la guerra, el canto de los pájaros fue cambiado por el tableteo de las metrallas que mataron la risa de los niños en los campos, dejando todo como una mueca vacía, váyanse y dejen que la armonía llegue a sus corazones. (Danzan todos los espantos)

SARGENTO: (arrodillado)

¡Basta!, ¡basta!(Desesperado) Deténganse el enemigo está

cerca.

DUENDE: ¿Dónde está el amor de su corazón? Lo tiene todo atiborrado de resentimiento que no sabe ni a quien odia. Pobre raza humana extravió la esperanza en el camino ciego de la guerra, tengo el corazón enlutado de tanta tristeza, ya no hay quien consuele los sollozos de los niños, deben buscar la armonía dentro de ustedes para que entiendan el bien y el mal. Pobres corazones, pobres de amor que confunden la esperanza con el error.

SARGENTO:

¡Basta!, todos son soldados en medio de una guerra.

BRUJA: ¡Pobre sargento!¿Dónde está el enemigo?(Remedando al sargento) Pues… se nos perdió y todavía no lo encontramos. Señor de pronto las armas pueden ser nuestros enemigos (se ríe), sus armas no nos hacen daño, pero el odio de su corazón nos duele más.

SARGENTO:

Escuchen, Nosotros somos soldados y luchamos por defender la patria.

DUENDES:

Pobrecitos, cuántos hombres tienen que morir en nombre de la patria.

FERNANDEZ:

Tenemos que dar la vida por las instituciones, lo demás no tiene importancia.

DUENDE:

Silencio cállense revoltosos. Ustedes no tienen remedio están destinadosa autodestruirse.

DUENDE:

Hombres y mujeres, deben limpiar su corazón del odio, levanten su cabeza y miren hacia arriba, La belleza natural de la vida, todavía pueden convivir en paz y esa paz parte de sus entrañas, la muerte

la detienen cuidando la vida, la paz es el complemento de la justicia social que será la que les dé tranquilidad interior. Solo así abra paz en su corazón, buscan al enemigo en el lugar equivocado, si miran hacia adentro lo encontraran. En esos momentos entra un señor vestido de blanco es el médico de la clínica mental.

MEDICO:

Bueno señores, ya es hora de dormir, es hora de despejar el consultorio. SARGENTO:

Discúlpenos es que el enemigo se nos perdió.

MEDICO:

Bueno ya lo encontrarán después.

SOLDADO:

Ya me cansé de ser soldado, es mejor dar por terminada la guerra.

CAICEDO:

¡Mentira!, todavía hay muertos tirados por todos lados.

MADRE:

Señor, ha visto a mis hijos, todavía no han regresado, se los llevaron a laguerra dijo el señor presidente que me entregó esta medalla por el valor de mis hijos.

MEDICO:

Si hija, bonita medalla, pero ahora ve a tu cuarto es hora de dormir tus hijos deben estar bien.

MEDICO:

tus hijos no te preocupes que pronto regresaran,(mirando a otro lado) pobres locos. Bueno mañana será otro día y ojalá se acabe su locura. (Gritando)¡Guardias!, cierren bien las puertas de la clínica, no queremos que se escape algún enfermo, todavía son peligrosos y un riesgo para la sociedad. Los enfermos mentales van saliendo como los niños cuando se les acaba el recreo y el juego, aparece un guardia que los va contando y cierra las puertas de los calabozos.

Fin

ODISEA DEL MAESTRO

Esta obra fue puesta en escena con el grupo de teatro del magisterio de Nariño SIMANA

PERSONAJES:

MAESTRO: LUIS EVARINO MORA

DUENDE: ALVARO VARCENAS

FANTASMA: PAULA BUCHEL

TERESA DE CALCUTA: PATRICIA NAVIA

EL QUIJOTE: JOSE FELIZ MELO

SANCHO PANZA: ALVARO VARCENAS

HITLER: JORGE CALDERÓN

El CHE: JORGE MORILLO

EL SUPERVISOR: SOCORRO ARTEAGA

Nota preliminar:

En el escenario una escalera triangular de madera, en un extremo hay una pequeña estufa de cocinar y sobre ella una jarra vieja y unas tasas; sobre la escalera están: Teresa de Calcuta, el Quijote y Sancho Panza, como posando para una fotografía. Al frente, en el extremo derecho, cerca al proscenio en una silla, esta Hitler y en el otro extremo está el Che. Sobre el piso varios periódicos tirados por todas partes, al encenderse la luz, se escucha el repicar de unas campanas.

El maestro, duerme sobre una colchoneta, al parecer está soñando. Cambia de posición, la luz se apaga y se vuelve a encender, al mismo tiempo los personajes cambian de posición, posando de nuevo para una foto. Así lo hacen tres veces y luego, el maestro empieza a despertar, se sienta, pero al parecer el sueño no se ha perdido es como si continuara soñando, los personajes hablan. Don Quijote y Sancho Panza, actúan como si estuvieran cabalgando.

DON QUIJOTE:

¡Oh!, mi valeroso y joven escudero, pronto encontraremos a la culpable de mis desvelos, mi Rolliza y sana Dulcinea, escucha bien mi diminuto y vivaracho guerrero, nosotros estamos destinados a salvar este azotado y miserable mundo, de esos seres perversos que lo único que buscan, es colmar sus arcas con la vil explotación del desafortunado pueblo, que aunque ha padecido siempre de amnesia a tratado de abandonar la ignorancia. Escucha, mi fiel escudero, el arpa de la guerra empieza a sonar, desenvaina tu espada, que la guerra por todos los hombrespostreros ha empezado.

SANCHO PANZA:

No se preocupe mi amo, que en medio de mis debilidades vendrán las fuerzas divinas para luchar., pero os digo, señor. (Mirando a todos) A mí me va a llevar el mismísimo demonio, al parecer estamos en un descocido mundo de Justos y creyentes pero vuestra merced me ha de confirmar quelos rostros de estos seres, son los mismos de todos los tiempos.

DON QUIJOTE:

No os preocupéis mi pequeño lancero, que mi escudo y mi

lanza estarán siempre al servicio del pueblo.(Luchan con enemigos imaginarios)

DE CALCUTA: (Habla a su guerrero)

Aquí estamos apretando nuevos gatillos con la bronca encendida en cada corazón, mis pequeños y grandes guerreros. La locura de libertad nace en cada hombre, y en los verbos del pueblo, se construyen sueños con firmes raíces que cresen sin cesar en cada hijo de los obreros. Luchen, luchen y no dejen de luchar.(Teresa se arrodilla y empieza a rezar)

HITLER: (Furioso)

Aquí está el Fuhrer, originario de la raza Aria, (se persigna ante Teresa) raza pura que debe reinar en el mundo, daremos fin a la existencia deshonrosa de los judíos junto con los comunistas.

EL CHE:(se escucha la voz de Fidel, es la última carta del Che a Fidel) Grabación: (todos hacen silencio y Congelan la imagen, Hitler se esconde.

El Quijote y Sancho Panza se ponen firmes, Teresa llora. Al terminar la grabación el maestro se pone de pie tratando de despertarse)

MAESTRO:(Como entre sueños, los mira y se asusta, se toca intentando despertarse. Se acerca a un recipiente con agua, se lava la cara, primero lo hace como los gatos, con un poquito de agua y luego mira a los personajes que comienzan a alejarse, pero cuando el maestro los mira, ellos se congelan y cuando él se lava el rostro los personajes empiezan a salir, a la tercera vez que se moja bien la cara ellos desaparecen)

MAESTRO:(Se echa agua con las dos manos y hace como si se fuera ahogar)

¡Huy!, casi me ahogo.(Agitado, busca entre sus cosas una toalla vieja y parchada; luego se dispone a preparar un café, cuando está encendiendola vieja estufa mira al fantasma de su mujer que murió hace unos años) Pensé que hoy no ibas a venir, ya se te estaba haciendo tarde. ¿Pero nopodías ponerte otro traje? (Triste) Hace mucho que no te cambias, yo notengo dinero para comprarte uno nuevo. Ya van cuatro meses, de los queno me han pagado; por eso, no tengo escuela. (Saca el café, lo endulza, le pasa una taza a su fantasma y toma él una taza. Se sienta en su vieja mecedora, pero se pone de pie, de inmediato, diciendo) ¡Mierda!¡Las clases!, (busca entre la basura un cuaderno y una tiza, acomoda la silla yse dispone a dictar las clases como lo hacía antes; con el lema que "La letra con sangre entra")

FANTASMA:

No puedes enseñar así a los niños, busca metodología y pedagogía.

MAESTRO:

¿Tú qué sabes de esto? "La letra con sangre entra", esa es la pedagogía, porque el que no aprende por las buenas, (mostrando una vara para castigar)lo hace por las malas.(Se enoja y tira todo, busca un pedazo de pan y regresa a la mecedora. Toma café y come pan, en esos momentosentra el supervisor)

SÚPERVISOR: (Señor de edad, cabello blanco medio pelado de atrás largo y de churos; viste solapa negra, camisa blanca, pantalón corto, medias largas y zapatos negros. Con un maletín moderno, entra y mira alprofesor)

¿Así quieres ser maestro?

MAESTRO:

La verdad, siempre quise tener alumnos; creo que es una gran responsabilidad. Además, no tengo ímpetus para sembrar ni tampoco paraser mecánico, así que el único camino que tengo es de ser maestro por eso le ruego me permita trabajar en la escuela.

SUPERVISOR:(Piensa y lo mira)

Está bien, no hay más postulantes al empleo. Tú serás el maestro de la escuelita, los ignorantes te esperan.(Sale)

MAESTRO:(Busca su periódico y lee en voz alta)

Nómbrese al señor Jairo Germán, oriundo de esta región, como maestroen la vereda de Cumbitara.(Se alegra y brinca como si fuera un jugador de fútbol) ¡Bravo! (Piensa y es como si llegara al pueblo y al salón de clases.Entra el cura y lo bendice, habla el fantasma convertido en la mujer del profesor)

FANTASMA:

Pasaste quince años en esa escuela, únicamente arrimabas en vacaciones. Así que tenía que hacerlo, intente traerte, hasta utilice mis encantos de mujer. (El supervisor aparece, y se sienta en una silla, en unextremo del escenario, ella coqueta se sienta en otra silla frente a él).

SUPERVISOR:

¿Así que quiere que el profesor vuelva a casa?

MUJER:

Hace ya quince años que únicamente viene cada año.

SUPERVISOR:

¿Usted está dispuesta a sacrificarse por su traslado?

FANTASMA:

Lo que usted pida (cruza su pierna y levanta un poco su falda mirando alsupervisor)

SUPERVISOR: pues... (Mirándola)

siendo así, hagamos el traslado. (Sale él y ella lo sigue, entran por otro lado, organizados)

FANTASMA:

Tendrás la capacidad de cambiar el rumbo de esta nación.(Todos lo miran, lo escuchan con mucha atención).

MAESTRO: (Llorando)¡Por qué, porqué lo hiciste! (Se inca de rodillas y luego, se pone de pie como si nada hubiera pasado) Bueno pequeños está cerca la apasionada sabatina, por esa razón tenemos que preparar una llamativa danza. Todosaquellos que participen, tendrán una nota especial, (el empieza a bailar un tango con el fantasma o su mujer y al finalizar cae al piso, en esos momentos entra un personaje de cabello largo y dorados, es algo así como un duende, se sube a la escalera y muestra un documento que al parecer es una carta, luego entran una mujer, un cura y un profesor, el maestro toma la carta y los demás se suben a la escalera y mirando al maestro, mientras el duende sale corriendo. Todos preguntan al maestro casi susurrando al unísono)¿qué es eso? (El maestro mira la carta, por todas partes) Parece un telegrama (también susurrando y encogiendo los hombros, lo deja caer al piso y se da la vuelta como si no le interesara, los demás hacen lo mismo, pero miran de reojo la carta y todos al mismo tiempo preguntan)TODOS: (Susurrando)¿Y qué dirá?

MAESTRO:

Eso, no nos interesa, puede que sea peligroso tiene aspecto de ser una amenaza.

MUJER: Quizá, posiblemente, traigan buenas noticias (Mirando al maestro y afirmando con la cabeza que sí, todos se miran entre sí y luego, miran la carta; todos, al mismo tiempo, tratan de coger la carta)

MAESTRO: Toma la carta y la abre rápidamente, lee en silencio, todos lo miran y le preguntan ¿Qué dice? Se la pasa al de arriba, al cura y lee en voz alta "Pasto marzo de 1951, Señor maestro, urge organización, unificar a maestros; defensa de derechos humanos, pro sindicato"

FANTASMA:¿Y pa' qué sirve los sindicatos?

MAESTRO: Para defendernos de los patrones explotadores.

CURA:

Para evitar que los atropellen.

PROFESOR: (Todos se pasean pensando)El alcalde es enemigo de los maestros y me pueden echar del puesto, es mejor seguir como estamos, además no se puede hacer nada damas.

MAESTRO:

Escuchen muy bien compañeros, la capacidad que los maestros tenemos como educadores es grande, la situación política y social de este país es muy grave; nosotros estamos destinados a cumplir un papel fundamentalen la historia, no podemos dejar que el miedo amilane nuestro espíritu revolucionario y nos vuelva cobardes. Los 80 pesos que ganamos, no nos sirven ni para pagar el arriendo y vivir con dignidad, no se puede seguir en esta situación debemos luchar.

MUJER:

¡Bravo¡, así debe hablar un educador, esta es la mejor oportunidad paraorganizamos.

PROFESOR:

Bueno yo estoy aquí por un favor del alcalde y la verdad lo que tengo no es tan malo, aunque no dejo de pensar que algún día pueda encontrar un mejor trabajo, con un mejor salario, así que no estoy seguro si ese tal sindicato nos ayudará.

MUJER:

Lambetas, cobarde, siempre vas a vivir de arrodillas frente al patrón (el profesor encogiendo los hombros)

MAESTRO:

Mire profesor,(cogiéndolo del brazo) si logramos armar un sindicato usted puede ganar hasta trescientos pesos y estoy seguro que nunca podrán echarlo, además buscaremos mejorar nuestro nivel de vida en todas susformas.

PROFESOR: (Pensando)

Está bien, que quede claro que yo no estoy de acuerdo con acciones queatenten contra mi gran amigo, el señoralcalde.

MUJER:

Bueno, señor amigo del alcalde (mirando a los demás) pero entonces quetenemos que hacer.

MAESTRO:

Tendremos que desplazarnos a los diferentes municipios de Nariño y organizar a los docentes, entre más comités se unan, más grande será la fuerza así que tú, (mira al profesor) te quedas

aquí y usted,(a la mujer fantasma)al norte, (al cura) usted al sur, vamos (saca del bolsillo unos pesos) esto es lo único que tengo, que los compañeros donde vayan lesden la alimentación y el hospedaje. (Todos se van, se queda únicamente el maestro que se sube a la escalera y habla como si estuviera frente a una multitud) proletarios del mundo, uníos para sacudirnos del yugo que desde hace muchos años nos han impuesto los poderosos; es el momento propicio de liberamos de las cadenas que nos oprimen; estamos asqueados, de tanta injusticia, de tantas humillaciones, frustraciones y discriminaciones.

Hace mucho tiempo que no tenemos un techo para vivir dignamente connuestras mujeres y nuestros hijos, no tenemos un salario justo que dignifique nuestra profesión, mientras el dueño del capital y de las tierras lo tienen todo, los pobres del universo nos estamos muriendo bajo un manto de miseria. (El maestro cae al piso y en esos momentos se escucha un disparo, es la muerte de Gaitán. Entran unas personas que escuchan emocionados la voz de Gaitán en discurso; luego, se escuchan otros disparos todos se cubren en el piso, se da como una especie de lucha, se esconden, luego salen todos, después de unos minutos viene la calma, el maestro se esconde entre los periódicos, al transcurrir unos segundos se escucha la canción del pueblo unido jamás será vencido, cantan los profesores, hacen su primera reunión de constitución del sindicato)

PROFESOR:

Bueno compañeros, estamos reunidos hoy para constituir el sindicato de maestros de Nariño con quince docentes, (todos aplauden en esos momentos comienza a hablar el maestro y mientras habla parece como si discutiera entre los profesores y comienzan a salir)

MAESTRO: (Se sube a la escalera)

¡Viva el sindicato del magisterio de Nariño! Nos convertiremos en el gremio más unido que defienda los derechos de los educadores.(Mira como los profesores hacen pequeños grupos discuten entre ellos y comienzan a dividirse, se alejan) oigan, ¿a dónde van?,¿por qué nos dividimos?, tenemos que cuidar la unidad, no se vayan (arrodillado, casi llorando, les suplica que regresen, luego entran unos profesores, empiezan a hablar)

PROFESOR BORRACHO:

No puedo comprender por qué razón uno tiene que complicarse la puta vida, cuando es tan fácil simplemente vivir, hay que dejar que las cosas pasen y hacer lo que uno le complazca.

COMUNISTA:

Compañeros es una vergüenza saber que usted es un educador y que de usted aprenderá la juventud que será el futuro de este país, algún día compañeros van a entender que nosotros como maestros tenemos en nuestras manos la responsabilidad más grande de enseñar y despertar la conciencia social y política, para no permitir que la burguesía nos siga explotando, porque ya lo dijo un gran sabio "un pueblo ignorante es víctima de su propia destrucción".

PROFESOR:

Tiene usted razón profe, yo nunca estaré de acuerdo con profesores como este señor, (señalando al borracho) que para no tener problemas en el trabajo y en la vida, por su constante inasistencia, nula capacidad pedagógica; por su adicción al trago engañan y roban a los estudiantes y padres de familia, poniendo buenas notas hasta a los retirados.

PROFESOR POLITICO:

Mire compañero usted puede decir lo que sea, pero yo les aseguro que ya no soporto más esta situación y por eso les ruego que para estas próximas elecciones apoyemos a la candidatura del doctor Pardo porque esta vez los liberales si nos van ayudar y él me ha prometido que si sale elegido a la alcaldía nos puede aumentar el salario, claro que yo seré primero el nuevo secretario de educación, pero les aseguro que yo los voy ayudar.

PROFESOR BORRACHO: (furioso)

¡Qué hijueputas!, que viva el doctor Pardo, yo voto por el señor secretario y vamos a tomamos un trago a nombre del candidato.

PROFESORA GOMELA:(Entra con las manos en la boca y hace como sifuera a vomitar)

No sé hasta donde pueda aguantar en este pueblo, estoy tan aburrida de lidiar con estos niños, no sé cómo pude aceptar este trabajo, si yo merezco algo mejor; algo digno de mi clase social, no sé por qué tuve que aceptar yvenir a aguantar a estos chiquillos piojosos, malolientes y confianzudos, yoapenas si les mostraba una sonrisa para que ellos no piensen que soy descortés. No me gusta que por eso se me acerquen y me abracen, no me gusta que se limpien esos mocos con mi blusa. ¿Hay Dios, pero por qué me pasa esto a mí?, ni el carro puedo traer a este pueblo, me toca viajar en esas cochinas chivas o en los viejos buses, es casi lo mismo, ¡padre mío!, ayúdeme a salir de este moridero, (en esos momentos se escucha unos campanazos, todos salen y entra el duende con el fantasma)

DUENDE: (Al fantasma)

No fue fácil organizar a los maestros, pasaron nueve largos años, la faltade experiencia hizo que, tardemos todo ese tiempo en lograrlo.

FANTASMA:

Es demasiado complejo unificar a un gremio tan diverso, los maestros son muchos, y muy conflictivos.

DUENDE:

Pero, en 1959 el magisterio es convocado, de nuevo, a una asamblea de reorganización, se nombra una junta directiva encabezada por una mujer.

FANTASMA:

Si, la señorita Josefina Martínez, reformó los estatutos y luchó por muchas reivindicaciones y en el año siguiente se realizó la primera asamblea de Simana.

DUENDE:

También, en 1956 se formó

FECODE. Y las grandes luchas empezaban.(Salen los dos y entran todos los profesores caminan en un mismo sitio gritan consignas corren, tiran piedras, se esconden, descansan, salen todos lo hacen en cámara lenta, finalmente se queda el maestro y entra un psicólogo viste una bata blanca)

MAESTRO:

Por favor siéntese.(Como si fuera el medico)

PSICÓLOGO:

Gracias.(Se sienta)

MAESTRO:

Bueno doctor mi nombre… Bueno, no importa ya cómo me llamo, cuandosalí del pueblo me llamaron…PSICÓLOGO:

Debe tener algo de importante su nombre.

MAESTRO: (En voz baja)Tengo la malparides

PSICÓLOGO:

Como (extrañado) no entiendo ¿Qué es la malparides?

MAESTRO: Usted nunca va a entenderme, sabe, sabe, cuando tuve que irme todos medecían felicitaciones, por fin lo nombraron profesor. Pero sabe usted, ¿dónde me nombraron? PSICÓLOGO: (un poco asustado)No.

MAESTRO: (Triste) A Guampiar. ¿Sabe dónde queda? PSICÓLOGO:!No!

MAESTRO: (Triste)Ni siquiera aparece en los mapas, no pude volver a mi casa, sino cuandocumplí los cinco meses.

PSICÓLOGO:¿Extrañaba a su familia?

MAESTRO: (Lo mira y se río luego se pone furioso)

¿Que si extrañaba a mi familia? Maldecía el día en que me hice profesor, estuve a punto de renunciar, las noches eran eternas porque no podía conciliar el sueño (como loco) las cucarachas bailaban en mis pies cuando caminaba descalzo en la oscuridad de ese cuarto.(saca una botella de aguardiente) Cuando llegué a la escuela tuve que cobijarme con la bandera que usaban en la izada de bandera, porque no tenía ni una cobija.(bebe un trago) Cuando salí de ese pueblo lo hacía en los carros donde sacaban el ganado,(llora) nadie podía comprender mi tristeza y soledad a pesar de tener a todo el pueblo a mi lado (se ríe) ... Pero abra lapuerta.

PSICÓLOGO: ¿Cómo?

MAESTRO:

Sí, que abra la puerta

PSICÓLOGO:

No entiendo para que quiera que abra la puerta

MAESTRO:

¿Cómo que para qué? (Gritando) muchachos tengan la olla lista que es seguro que alguna gallina inquieta de algún vecino, tiene que entrar y debemos estar prestos a atraparla.

PSICÓLOGO:

¿Cómo, robaban ustedes gallinas?

MAESTRO:

Bueno a eso no se le puede llamar robo, únicamente abría la puerta y tendíamos unos granos de maíz, y claro, si una gallina entraba era difícil que no caiga en la olla del sancocho, hasta era divertido (se ríe).

PSICÓLOGO:¿Bueno maestro, cuénteme sus pesadillas, ¿continúan seguidamente?

MAESTRO:

Mis pesadillas, logre disiparlas, lo malo fue que también murieron mis sueños, porque ahora está prohibido soñar.

PSICÓLOGO: (Se pone de pie)Usted tiene razón, está enfermo (sale)MAESTRO: (Gritando)Oiga, oiga, pero…(triste) maldita sea quien dijo que yo necesitaba un loquero (En esos momentos entran unos profesores, que van a hacer una huelga de hambre. unos se encadenan. Entra la Cruz Roja, unos profesores se recuestan; se ponen un numero en el pecho y cuelgan un papel en el que indica la hora de inicio de la huelga de hambre, después de unos cortos minutos se termina la huelga, sacan a los profesores unos en camillas y otros salen caminando lentamente y hay silencio, entra el Duende y lee los logros obtenidos) Se cancelarán puntualmente los salarios a los maestros, y se aumentará el 20% al presupuesto de la educación (El maestro se ubica debajo de la escalera mostrando que está en la cárcel, tras de la escalera gritando) ¡Abajo la represión del estado!

¡Ustedes jamás podrán callar la voz del pueblo! porque este siempre buscará la unidad para defender sus derechos.

MAESTRO:

Nadie puede callar la voz del pueblo, no nos asustan sus balas (llora) Yo peleo por el futuro de mis hijos, porque no quiero que vayan por el mundo arrastrando cadenas y humillándose ante los dueños del país.

VOZ EN OF:

¡Si no te callas, nosotros te cerramos la boca para siempre!

MAESTRO:

Siempre lucharemos por nuestros derechos, por la defensa de ese Estatuto Docente que tanto nos costó (Entra el Duende sale y lee una carta)

DUENDE:

La unión de trabajadores de Nariño "UTRANA" con la resolución número 001 de septiembre siete de 1974, expulsa de esta federación al sindicato del Magisterio de Nariño, teniendo en cuenta que sus principios e ideologías son contradictorios a los de UTRANA; demás, También, por ultrajes a la palabra y obra al asesor moral de UTRANA, reverendo padre Sofonías Ramos.(sale)

(Entran un grupo de profesores en una marcha. Se miran que tiran piedras,el maestro que ya ha salido de la cárcel, se sube a la escalera y fomenta la lucha. Los demás gritan consignas, pelean, descansan, escriben grafitis sobre el Estatuto Docente, ¡Abajo las tarifas de luz! ¡Abajo el cierre de los hospitales San Pedro e Infantil! Y, salen)

MAESTRO:

Parece que están en el velorio de un maestroAl final de la batalla

y muerto el combatiente, vino hacia él un hombre y le dijo " No mueras te amo tanto"

Pero el cadáver ahí siguió muriendo Se le acercaron y repitiéronle:

"No, nos dejes. Valor, Vuelve a la vida"Pero el cadáver hay siguió muriendo

Acudieron a él veinte, cien mil, quinientos mil

Clamando "tanto amor y no poder hacer nada contra la muerte"
Pero el cadáver hay muriendo

Lo rodearon millones de individuos

Con un ruego común ¡Quédate hermano! Pero el cadáver hay siguió muriendo.

Entonces, todos los hombres de la tierra

Lo rodearon; les vio el cadáver triste, emocionado Incorpórese lentamente

Abrazó al primer hombre y echase a correr

Entra el duende con un bulto de cemento y el fantasma con ladrillos.

DUENDE:

En 1982 se empezó a construir el edificio del sindicato de Nariño de educadores.(sale)

EL MAESTRO: (Salen todos. bravos)

No, nadie puede vender la educación, (al público)mire señor cura lo siento mucho, pero la escuela no está en venta. No, no monjitas. No vayan a vender la escuela. Le advierto padrecito que la gente, en este pueblo, no pueden cerrar la escuela.
PSICÓLOGO:
Entra con otro, tranquilo profesor, tranquilo; venga conmigo que tiene quedescansar en el hospital y así recuperará la razón.

Fin

SUEÑOS DE DON BOSCO

Basada en algunos apartes de la vida de don Bosco. Esta obra fueextremada en el instituto San Juán Bosco, en el mes de febrero de1999

PERSONAJES:

GAMÍN 1Javier

GAMÍN 2Antonio

GAMÍN 3Vecino 1

GAMÍN 4Vecino 2

GAMÍN 5Vecino 3

GAMÍN 6Vecino 4

GAMÍN 7Sacerdote

GAMÍN 8Sacristán

GAMÍN 9Domingo

GAMÍN 10Bartolomé

MARÍA Párroco

MARGARITA Marco

JUAN Doctor

PABLO Tendero

JAIME Campesino

ESCENOGRAFÍA:

En el centro del escenario hay una escalera larga de seis metros hecha en guadua, sostenida por los dos extremos, por dos escaleras triangulares deun metro de altura.

ACTO PRIMERO

Al abrirse el telón se puede apreciar cerca al proscenio a Juan Bosco, a la edad de nueve años durmiendo, tiene su primer sueño, gira su cuerpo un poco fatigado, viste un pantalón corto de color negro y una camisa blanca. Del fondo del escenario desde un telón negro comienzan a salir las cabezas de animales como: tigres, leones, leopardos, etc. Los animales salen lentamente acompañados de una música y empiezan a luchar entre ellos, como en una danza. Juan, lentamente se levanta haciendo lo mismo que las fieras con un garrote. En esos momentos se escucha una voz.

VOZ EN OF:

Juan, Juan, ¿Qué estás haciendo?

JUAN:

Tengo que apaciguar a las fieras.

VOZ EN OF:

¿Y esa es la mejor manera? Escucha. Te voy a presentar a quien desde hoy será tu maestro.(aparece desde un extremo del escenario la imagende la Virgen María)

MARÍA:

Juan, no se doblega la ira con más ira, se debe buscar las mejores maneras que puedan hacer buenas gentes a los malos. (La Virgen pasapor cada fiera las acaricia sosegando su ira, convirtiéndolas en corderos)Esto tendrás que hacer durante toda tu vida, cada fiera que se cruce en tu camino, tendrás que convertirla en un cordero, pero, para lograrlo debes prepararte cada día. (La Virgen sale y detrás de ella, los corderos. Juan vuelve a su lugar a dormir)

ACTO SEGUNDO

MARGARITA: (entra rápido y se acerca a Juan y lo sacude para despertarlo)
Juan que te pasa, ¡despierta!
JUAN:
Madre, tuve un sueño... fue maravilloso. Estaba yo entre unas furiosas fieras. Debía calmarlas, quise lograrlo con el látigo; de pronto apareció la imagen de la Virgen, me advirtió que no corrigiera de esa manera, debes, buscar, me dijo, las mejores buenas gentiles maneras, además, agrego: Que a partir de ese momento ese sería mi encargo y debía prepararme mucho cada día.
MARGARITA:
Bueno hijo, entonces has lo que te dijo la virgen; empieza a prepararte y da gracias a Dios. Ahora ponte de pie que ¡tenemos mucho trabajo!(La madre sale)
JUAN: (Mira la escalera de guadua detalladamente casi que encantado, era como un puente, le dio una vuelta y se subió, luego empezó a hacer equilibrio. En esos momentos aparecieron dos niños de la calle, que al mirar a Juan caminando sobre la escalera se asombran mucho.)

NIÑO 1:

Hijuelita este man es cirquero

NIÑO 2:

Un día vi a un man que se tragaba una espada.

NIÑO 3:

Eso no es nada, yo he visto por la televisión, unos manes de esos que desaparecen a la gente, como cortaban a unas mujeres con una cierra y no les sale nadita de sangre.

GAMÍN 4: (gritando)

Pilas chino no se vaya a caer.

NIÑO 5:

Déjelo hermano que él sabe lo que hace.

NIÑO 6:Además, si se cae nosotros lo agarramos o no.

NIÑO 7:

Píllensela hermano, no vaya a pensar que él artista es como usted.

NIÑO 8:

Siga chino, siga y no le haga caso a mi compañerito que es muy miedoso,demuestre usted lo que sabe.

JUAN: (Se detiene y los mira)

¿Les gusta lo que hago verdad?

NIÑO 9:

Claro que nos gusta, no se detenga hermano siga…

NIÑO 10:

Yo si decía que este man nos iba a cobrar, pues sepa

hermano quenosotros no tenemos ni un peso.

JUAN:

No es eso lo que quiero.

NIÑO 1:

Bueno, entonces píntela.

JUAN:

Lo único que quiero de ustedes es que me acompañen ahora.

NIÑO 2:

Y eso para que diastre nos va a servir a nosotros.

JUAN:

Mucho, si oramos todos juntos nos saldrá bien y estaremos en paz conDios.

NIÑO 3:

Pues la mera verdad, nosotros nunca oramos, ni siquiera sabemos que es eso y cómo se hace esa vaina, así que mejor ore usted no más.

JUAN:

Está bien les voy a enseñar, primeramente,

tenemos que hincarnos derodillas.

GAMÍN 6:

Oye manito y no se podrá así paradito, no más.

JUAN:

Bueno si ustedes no quieren nos vemos otro día.

GAMÍN 7:No,no, espere, está bien usted gana, pero después nos enseña los malabares que sabe. (Los gamines se arrodillan y don Bosco hace lo mismo)

JUAN:

Si le ponemos fe a la oración, nos va a servir, de lo contrario todo será inútil. En el nombre del Padre, del Hijo, y del Espíritu Santo, Amén. (Los gamines lo hacen rápido) Padre nuestro que estás en los cielos, santificado sea tu nombre y (Al terminar la oración, se vuelve a persignar. Se levantan y

juan se dispone a enseñar lo que les prometió)

JUAN:

Trépense a la escalera, pero uno por uno y no miren hacia abajo, tengan fe en ustedes y en Dios, y verán que lo lograrán. (los gamines hacen lo que Juan les dice y cuando termina el último) Bueno, es hora de partir así que mañana nos vemos a la misma hora, pero antes de irse ayúdenme a arreglar. (Los niños arreglan, y se van, Juan hurgando entre sus cosas encuentra un libro y un lapicero y se pone a estudiar. Al pasar unos minutos entran tres niños, miran a Juan y luego al público con cierta picardía. Uno de ellos se le acerca)

PABLO:

Oye, ¿qué estás haciendo?

JUAN:

Estudiando (sin levantar la cabeza)

JAIME: ¿Y para qué estudias?

JUAN:

Para enseñar a las personas.

JAVIER: (Quitándole el libro)

Pues nosotros no queremos que estudies. (Se tiran el libro de uno a otro, Juan ruega para que se lo devuelvan, después de unos minutos de burla, los muchachos se lo dan y salen corriendo al mirar al hermano de Juan que es fornido y se acercaba rápidamente)

ANTONIO:

¿Te das cuenta lo que hacen contigo? Pero mírate no más. Para qué diablos quieres estudiar. Mira yo no estudio y estoy bien.

JUAN: (mirándolo fijamente)El burro tampoco estudia y está bien.(Antonio se enfurece y empieza a golpearlo hasta dejarlo casi inconsciente tirado en el piso. Pero Juan se levanta y le dice)

JUAN:

Ahora que ya me golpeaste, me dejas seguir estudiando.

Antonio se toma la cabeza y sale corriendo, Juan se limpia la ropa recoge su cuaderno y lo aguarda. Seguidamente se dispone a continuar con sus malabares, primero juega con tres bolas de colores y luego con una vara que pone en uno de sus pies, luego en su nariz, y por último en uno de sus dedos de la mano derecha. Pasa por detrás de la mesa triangular, tarda unos segundos en reaparecer y cuando se lo mira a crecido, pasó de niño aadolecente (es otro actor, entra la madre)

MADRE:

Hijo, quiero que sepas que estoy muy orgullosa de ti, ya concluiste tus estudios secundarios. Ahora debemos trabajar muy duro, vendiendo los quesos y la mantequilla para que puedas continuar estudiando en el seminario, y con la ayuda de Dios lograremos conseguir lo que necesitamos. Así que, ¡a trabajar!(Ponen huevos y quesos en una canastay salen)

ACTO TERCERO

El escenario se convierte en una calle por donde transita Juan con su madre. Se observan grupos de diferentes personas: niños de la calle, ladrones y vendedores.

MADRE: (Mirando a unos borrachos)

Mira Juan, las personas que se dedican al vicio son peores que los animales y son muy infelices.

JUAN:

Quizá carecen de amor y de lazos familiares.

MADRE:

Los vicios se deben corregir cuando son tiernos, porque de lo contrario, crecerán dentro de ti como una bestia. No olvides Juan, que quien empieza robando unos centavos, termina robando unos millones y el final de los delincuentes es la cárcel. Siempre habrá a tu alrededor más pobres que nosotros y nunca olvides que quien ayuda a un pobre está ayudando a Dios y él lo recompensará. Sólo tendrá verdadero cariño quien es capaz de sacrificarse por sus amigos. Mira, toda esta gente, está esperando una mano caritativa que los ayude.

(Juan y su madre se alejan y luego se van perdiendo lentamente todos. Entran nuevamente la madre y el hijo, quienes después de haber vendido todos sus productos) cuenta el dinero que lograron, agradecer a Dios por lo que hemos conseguido, que nos servirá para pagar algo de tus estudiosen el seminario.

JUAN:

Estoy seguro madre, que lo que nos falte, Dios nos lo dará.(en esos momentos entran los vecinos con los implementos para el viaje de Juan)

VECINO 1: Juanito, con los ahorros que tenía le compré la sotana.

VECINO 2:

Yo le traje los zapatos.

VECINO 3:

Yo le hice unas camisas para el frio.

VECINO 4:

Yo le traje una cobija.

JUAN:

¡Gracias a Dios! Sabía que me iban a ayudar.

MADRE: Que Dios los bendiga. Él sabrá recompensarlos por todo.(salentodos)

ACTO CUARTO

El escenario se convierte en una oficina del seminario, donde hay un sacerdote detrás de un escritorio, entra juan.

SACERDOTE:

Siéntese jovencito, tengo algunas quejas con respecto a usted, me dicenque usted practica la magia negra. (Juan rápidamente había cubierto con su sombrero la billetera y el reloj que el sacerdote había dejado por descuido)

JUAN:

Disculpe su reverencia, ¿usted sería tan gentil de mostrarme su billetera y su reloj?

SACERDOTE: (Se busca por todas partes y se asusta) Usted es el demonio, ¡Salga de aquí inmediatamente!

JUAN:

No se enfade señor, déjeme explicarle, al entrar miré su billetera y su reloj sobre el escritorio y sin que usted se percatara los cubrí con mi sombrero. Pero mire, aquí están. Así es toda la magia, son simplemente trucos.

SACERDOTE:(Sonriendo)

Tiene razón muchacho, tú no eres brujo, creo que eres muy inteligente. Puedes irte y no dejes de estudiar. (Sale él y después el padre)

ACTO QUINTO

El escenario se convierte en un taller de artes en diferentes actividades: zapatería, carpintería, panadería, etc.

JUAN: (Entra sacando brillo a unos zapatos, arregla el otro, corta una tabla)

Afortunadamente en mi pueblo aprendí todos los oficios y eso me ha servido para subsistir. Ya me falta poco tiempo para finalizar mis estudios. Pronto seré un verdadero sacerdote, y así podré enseñar mucho mejor la palabra de Dios a toda la gente. Bueno, ya se acerca la noche. Mañana será un nuevo día.(Recoge todo y sale)

Entran dos sacerdotes que hablan de JuanSACERDOTE1: Juan ha sido el mejor alumno de esta promoción, tengo mucha fe en esesacerdote. Sé que cumplirá con su deber.

SACERDOTE 2:

Sí, su reverencia, ese joven puso todo el entusiasmo y todo el amor. Mañana recibirá su consagración con honores, que Dios lo bendiga. (Salen)

ACTO SEXTO

Entran la madre y don Bosco que ya es un sacerdote y acaba de celebrarsu primera misa.

MADRE:

Felicitaciones hijo. Es tu primera misa. Desde este momento empieza tu trabajo.(conmovidos)No te olvides de todo lo que has aprendido, ahora, demos gracias a Dios por todo. (se arrodillan y comienzan a orar) Gracias padre por estar siempre conmigo, por darme la fortaleza necesaria a mi corazón y no permitir que mi fe en ti se muera. Toma mi vida y Llévame porel camino que me escogiste y de corazón te prometo no defraudarte jamás. (Se dan la bendición, se levantan y salen)

Entran el sacristán y el monaguillo Bartolomé, quien es un poco descuidado, limpia los elementos de celebrar la misa, y sin querer se le cae uno. El sacristán que estaba cerca lo saca a empujones regañándolo.

SACRISTÁN:

¡Mira no más lo que ha hecho tu torpeza, sinceramente tu no sirves paranada! ¡Lárgate de aquí y no vuelvas más! (Sale)

DON BOSCO: (Entrando)

Que pasa hombre, ¿por qué gritas tan exaltado?

SACRISTÁN:

No es nada padrecito, simplemente que tuve que echar a ese monaguillo, el que ayudaba en la iglesia, ya que más fueron los daños que hizo que loque ayudó.

DON BOSCO:

Pero, te das cuenta lo que has hecho, ahora donde va a vivir ese pobre muchacho, ¡te ordeno que vayas inmediatamente por él y lo traigas ya!

SACRISTÁN:

Pero señor no se para dónde cogió.

DON BOSCO:

No sé. Ve a buscarlo inmediatamente y tráelo. (El sacristán sale corriendo)Pobre muchacho, yo no puedo dejarlo abandonado, es necesario para estos jóvenes el calor del hogar y un sitio para aprender un oficio que lo ayude (dentro de unos minutos entra el sacristán agitado con el monaguillo)SACRISTÁN: (Muy agitado casi sin poder hablar)Aquí lo tienes padre, por poco no lo alcanzo.

DON BOSCO: (Mirándolo detalladamente) Así que tú eres el pequeño travieso.

BARTOLOMÉ:

Padre le juro que no fue mi intención romper ningún objeto, le prometo quecuando tenga dinero le pagaré todo lo que he roto.

DON BOSCO:

¡Cálmate, no quiero que me pagues nada! Además, no te mandé a traer por eso.

BARTOLOMÉ:

¡No! Bueno señor, entonces usted dirá.

DON BOSCO:

Le gusta estar en la iglesia.

BARTOLOMÉ:

Si, padre muchísimo.

DON BOSCO:

Bueno. Dime, ¿tú sabes leer y escribir?

BARTOLOMÉ:

No padre. No tengo dinero para comer, mucho menos para ir a la escuela.

DON BOSCO

Bien, pues desde este momento, esta será tu casa y tu escuela, yo seré tu maestro y empezaremos con la primera clase que será de religión.

BARTOLOMÉ: (Alegre)

Gracias padre, ¿dígame puedo traer a otros amigos que también son pobres como yo?

DON BOSCO:

Claro que puedes traerlos. Ahora antes de empezar a estudiar pongámonos de rodillas y oremos para poder estar en paz con Dios. (Rezan y luego salen, al día siguiente, entran diez niños pobres, Don Bosco los recibe amablemente, se sientan, les entrega un lápiz y un cuaderno)

DON BOSCO: Bien jovencitos yo voy a ser su profesor, ésta será su escuela.

NIÑO 1:

Pues verá, Don Bosco, nosotros no tenemos como pagarle.

DON BOSCO:

No se preocupen muchachos que yo no voy a cobrarles nada, y ya vamos a empezar con las clases. (Dicta clases, termina y se despiden. Salen todos menos Don Bosco y entra el párroco)

PÁRROCO:

¡Don Bosco, Don Bosco!

DON BOSCO:

Sí señor, dígame usted.

PÁRROCO:

Siento decirle esto, pero ya no puede seguir utilizando la parroquia como escuela.

DN BOSCO:

Pero señor, es el único lugar disponible.

PARROCO:

Lo siento mucho Don Bosco, pero, esos gamines no pueden volver a este recinto así que debe buscar otro sitio, es definitivo.

DON BOSCO:

Bueno señor párroco, Dios me ayudará a Buscar un lugar donde sea. (Sale el párroco y Don Bosco muy triste)

ACTO SÉPTIMO

El escenario se convierte en un parque, donde Don Bosco llega con el grupo de los niños para continuar con las clases, y cuando estaba empezando clases, se presenta un funcionario y lee un decreto.

FUNCIONARIO:

Don Bosco, los parques son centros de recreación, por lo tanto, la ley prohíbe otro uso, así que usted debe abandonar el parque. (Don Bosco triste sale con sus niños del lugar y va a otro sitio).

SEÑOR:

Don Bosco, está usted invadiendo propiedad privada. O se lleva de aquí aestos mocosos o llamo a la policía. (Salen)

DON BOSCO: (Entra triste y se inca de rodillas en el centro del escenario) Madre auxiliadora, no tengo dónde meter a mis muchachos, no meabandones, sálvame.(se escucha una voz)

ANCIANO: (Entrando)

Buenas noches, ¿usted es Don Bosco?

DON BOSCO:

Si hijo, soy yo. ¿Qué necesitas?

ANCIANO:

¿Usted es el que tiene un grupo de niños de la calle y no tiene dondeenseñarles?

DON BOSCO:

Si, pero dime quien te envió y para qué.

ANCIANO:

Bueno, creo que nadie me envía, la verdad es que yo tengo una casita en las afueras de la ciudad y como sé que usted la necesita vine a ofrecérsela en arrendo bien barata, porque tengo entendido que usted es pobre

¿verdad?

DON BOSCO:

Le agradezco muchísimo, pero no tengo dinero con que pagarle.

ANCIANO:

No se preocupe, que eso después me paga; de todas maneras, la casa está abandonada. Y le aseguro, Don Bosco, que allá no lo molestará nadie.

DON BOSCO:

Dios le pague estoy seguro que la madre auxiliadora fue la que te envió. Gracias madre mía Dios le page, la madre auxiliadora nunca me falla.

ANCIANO:

Pues fíjese padrecito que yo ni conozco a su madrecita, pero bueno de todos modos mañana lo espero allá en la casa. (Salen)

ACTO OCTAVO

Entran Don Bosco y los niños cargados de muchas cosas: cajas, sillas, mesas, etc.

DON BOSCO:

Tengan cuidado, no se vayan a caer. (Un niño que iba muy cargado se cae)

PACO:

Lo dice después de que se cayó.

Oiga Don Bosco esta casa está requeté vieja, ¿qué tal si se

nos cae encima?

DON BOSCO:

No digas eso Paco, Dios nos envió a este lugar, que desde hoy será

nuestra casa. Debemos Arreglarla muy bien, así que a trabajar.

(Todos arreglan la casa y don Bosco sale)

Entra Don Bosco acompañado de sus alumnos, parece sufrir un gran dolortodos lo ayudan y lo sientan en un mueble.

MARCO:

Yo voy por un médico.(Sale corriendo y los demás le dan agua)

MEDICO: (Entra)

Buenas noches, déjenme examinar al enfermo, es mejor llevarlos a la cama. (Todos salen y, regresan enseguida los jóvenes, se pasean nerviosos y luego sale el médico)

MEDICO:

Siento mucho lo que les voy a decir: Don Bosco está muy grave, su enfermedad es muy difícil de curar, es un paciente terminal.

MARCO:

¿Y no podemos hacer nada por él? Mire, él es todo para nosotros(Todeslloran y protestan)

MEDICO:

Lo siento mucho, pero esa es la cruel realidad, deben dejarlo que descanse, mañana vendré a ver corno sigue. Solo un milagro podría salvarlo. (Sale)

PADRE:

Muchachos, Don Bosco siempre nos ha enseñado a tener fe en Dios y la Santísima Virgen que están con nosotros. Debemos orar.

MADRE: (Entra con una rosa y todos la saludan y la abrazan) Mañana es el día de sanación, la Virgen de la Concepción salvará a mi hijo, Dios no puede abandonamos. Yo les pido que tomemos todos,

una rosa y oremos hasta que juan Bosco sane. (Los dos se arrodillan, rezan y lloran hasta que la sal empezó a salir, se duermen agotados, cuando llega el médico, pasa sin despertarlos)

MEDICO:

¡Pobres muchachos! Veamos cómo sigue Don Bosco. (Sale y después de unos minutos vuelven a entrar alegres) Muchachos, muchachos,

¡despierten!

MADRE:

Doctor dígame cómo está mi hijo.

MEDICO: No lo entiendo, esto es verdaderamente un milagro, Don Boscose salvará.

MADRE:

Gracias Dios mío y gracias Santísima Virgen. (Se da la bendición y todoshacen lo mismo, se van corriendo hacia donde Don Bosco)

an pasado algunos meses. Entra Don Bosco, se pasea leyendo unos papeles; luego entra el tendero.

TENDERO: Buenas tardes Don Bosco.

DON BOSCO:

Buenas tardes hijo, ya sé a qué has venido.

TENDERO:

Sí, Don Bosco, ya han pasado tres meses desde que usted se ha reestablecido de su enfermedad y hace exactamente dos meses que usted no me paga nada sobre las provisiones. Así que me veo obligado a no fiarlemás, si usted no me cancela por lo menos los trescientos mil pesos de loque el debe.

DON BOSCO:

Hijo, te ruego que me esperes unos días más, entiende que si tú, no nosfías mis muchachos se quedan sin comer.

TENDERO:

Pues lo siento mucho Don Bosco, pero si no hay dinero no hay comida, así que en sus manos está. (Sale)

DON BOSCO:

No está en mis manos, está en las manos de la Inmaculada, ella es mi tesorera. (En esos momentos entra un campesino)

CAMPESINO:

Buenas tardes está Don Bosco.

DON BOSCO:

Yo soy. ¿Qué se te ofrece hijo?

CAMPESINO:

Pues verá padrecito, mi patrón me envía con esta carta, él no quiere que se sepa su nombre. (Le entrega la carta y sale rápidamente)

DON BOSCO:

Gracias hijo, pero... espera.(El no hace caso y se va)Qué raro este hombre, veamos que dice la carta.(abre la carta, saca una hoja y unos billetes, los cuenta) Trescientos mil pesos, justo lo que necesito, gracias madre mía,(llama a uno de sus ayudantes) ¡Paco, Paco!

PACO:

Sí, diga don Bosco

DON BOSCO:

Mira aquí están los trescientos mil pesos que necesitamos para el tendero.

¿Pero de dónde los saco?, se supone que no teníamos ni un peso.

DON BOSCO:

No teníamos, pero nuestra Madre Inmaculada nos envió el dinero, ahora paga y trae lo que necesitamos para la cena, ya está tarde.(Paco sale corriendo)

MADRE: (Entra)

Me informaron que gracias a Dios conseguiste para pagarle al tendero, porque ya no tenía nada para cocinar.

DON BOSCO:

No te preocupes madre ya todo está arreglado; pero te voy a

contar un secreto: anoche tuve un sueño y en él vi una iglesia con una mesa que tenía el nombre de la Inmaculada y la verdad es que necesitamos una capilla más grande, porque en la que tenemos ya no alcanzan todos los muchachos. Así que debemos construir esa iglesia para la Madre Concepción.

MADRE:

Pero hijo. Eso nos costará mucho dinero y de dónde lo vamos a sacar.

DON BOSCO:

Madre, ¿sí tu tuvieras el dinero me lo darías?

MADRE:

Por supuesto hijo, sabes que te amo y todo lo que tengo es para ti.DON BOSCO:

Pues la Santísima Inmaculada lo tiene y ella me ama más que tú así queella me lo dará.

MADRE:

Hijo mío, las cosas que se te ocurren y sé que nadie te sacará esa idea dela cabeza. (Salen)

ACTO DECIMO

Entran cinco jóvenes tristes, casi llorando, porque mamá Margarita la madre de don Bosco está muy enferma.

PABLO:

Mamá Margarita, sigue muy delicada de salud y nosotros no podemos hacer nada por ayudarla.

PEDRO:

Toda su vida ha trascurrido trabajando para el bienestar de todos nosotros.

ARTURO:

Sí, ya está muy viejita y agotada.

RICARDO:

Don Bosco está destrozado.

JAIME: El médico nos anunció que de esta noche no pasa. DON BOSCO: (Entra triste y llorando)

Hijos, mamá Margarita está muy malita, todos debemos orar y únicamente nos queda esperar que Dios disponga de los suyos.(Se arrodillan y oran todos sale don Bosco, pero los demás siguen orando)

ARTURO:

Ha sido para nosotros la única madre porque a todos nos quiso por igual,que Dios la bendiga.

DON BOSCO: (Entra secándose las lágrimas y tomando aire como llenándose de fortaleza) Todo ha terminado, acaba de partir el amor más grande de mi vida, nuestra madre (todos lloran y abrasan a don Bosco y salen) Entra Don Bosco después de haber enterrado a su madre, acompañado de sus estudiantes.

DON BOSCO:(Se arrodilla).

Madre mía, ahora sólo te tengo a ti no me abandones. (Los estudiantes levantan a Don Bosco y lo sacan)

Han pasado ya dos meses de la muerte de mamá Margarita. Don Bosco ahora debe ayudar en todas las labores de la casa.(Entra Un hombre corriendo y gritando)

FERNANDO:

¡Don Bosco, Don Bosco!

DOMINGO:

Ya lo oímos señor, no grite, dígame que desea.

FERNANDO:

Vengo de parte de mi patrón, que por causa de una enfermedad lleva yaocho años postrado en la cama, ha recorrido el mundo en busca de ayuda, pero ni los mejores especialistas han podido ayudarlo. A oídos de mí patrón llegó el rumor de que Don Bosco puede curar a los enfermos, le ruega que por favor vaya y lo ayude.

DOMINGO: Siento mucho señor, que su patrón esté enfermo, pero Don Bosco acabó de salir, pero si usted me deja su dirección, él con gusto irá aayudarlo.

FERNANDO:

Bueno jovencito, te agradezco mucho, tú debes ser un alumno de Don Bosco, ¿verdad?

DOMINGO:

Sí señor, mi nombre es Domingo y estoy seguro que Don Bosco pronto lovisitará.

FERNANDO:

Gracias Domingo, adiós.(Sale)

ACTO DÉCIMO SEGUNDO

El escenario cambia convirtiéndose en la sala de un burgués.

DON BOSCO:

Buenas tardes.

FERNANDO:

Siga Don Bosco siga, pronto traeremos al patrón.

DON BOSCO:

Parece que tiene mucho dinero este señor, quizá puede ayudarnos a la construcción de la nueva iglesia. (Entra Fernando cargando a su patrón ylo sientan en una silla)

BURGUES:

Don Bosco, le agradezco que haya venido.

DON BOSCO:

Bueno hijo, ¿dime cómo te sientes?

BURGUES:

Como usted puede ver, soy un despojo humano, la única esperanza que me queda es usted. Por favor ayúdeme y le prometo que tendrá una sumaconsiderable para su parroquia.

DON BOSCO:

Bueno hijo, tendrás que aportar mucho dinero, porque lo necesitamos paraempezar el nuevo templo.

BURGUÉS:

Y dígame. ¿Cómo cuánto necesita?

DON BOSCO:

Un millón de pesos, los necesito para ya, o no podré empezar el nuevo templo.

BURGUÉS:

Es una cantidad muy grande, que no la tengo en estos momentos aquí.

DON BOSCO:

Pero, ¿usted si tiene esa cantidad de dinero?

BURGUÉS:

Sí, pero está en el banco y a nadie más que a mí, le entregarían esacantidad.

DON BOSCO:

Pues entonces vaya. Vístase y vamos al banco.

BURGUÉS: Pero don Bosco no le estoy diciendo que llevo ocho años eneste estado.

DON BOSCO: (Lo mira fijamente y se acerca)

Sí, tú no tienes fe, nunca te sanarás. (Él lo mira y cambia de pensamiento)

BURGUÉS:

¡Doctor!, ¡Fernando! Ayúdenme, traigan mis ropas.

DON BOSCO:

Todos de rodillas vamos a orar por nuestro hermano a la Madre Concepción,(Oran todos de rodillas)entran los que fueron a buscar la ropa, dejando todo cerca de él, todos hacen lo mismo y ante todos los ojos sorprendidos, el invalido comienza a vestirse sin ningún problema.

DOCTOR:

Jamás había visto algo parecido, esto es increíble. Es un milagro.

BURGUÉS:(Alegre)

Estoy curado, puedo caminar, gracias Don Bosco, gracias, usted es unsanto.

DON BOSCO:

Bueno hijo, ¿ahora que ya estás curado podemos ir al banco?

BURGUES:

Por supuesto. Fernando, prepare todo inmediatamente. Que nos vamoscon Don Bosco. (Salen los dos con el resto)

ACTO DÉCIMO TERCERO

El escenario cambia y se convierte en sacristía. Luego en iglesiaSACRISTÁN: (Entra y comienza arreglar todo)

DON BOSCO: (entra y coge algo)

No te olvides de la comunión que ya se acerca la hora de la misa.

SACRISTAN:

Si padre, no se preocupe, ya sé que solo quedan seis hostias y debo llenarla copa.

DON BOSCO:

Bueno hijo, regreso en un momento, no olvides prepara todo. (Sale y entra Paco y charla con el sacristán)

PACO:

Cómo estás sacristán. ¿Cómo van tus clases?

SACRISTAN:

Pues fíjate que muy bien, precisamente tengo que hacerte una consulta.

PACO:

Claro, vamos adentro, seguramente es de teología. (Salen)

DON BOSCO:(Entra afanado y luego el sacristán)

Date prisa sacristán. Ya tenemos que empezar la Misa, pensé que no ibasa venir.

DON BOSCO: (Celebra la misa y en el momento de la comunión, haceseñas al sacristán y él se acerca Susurrando)

SACRISTÁN:

Don Bosco lo siento, pero olvidé colocar más hostias. Sólo hay seis, es mejor suspender la comunión.

DON BOSCO: (Torna la copa un poco enojado. se dirige al centro del escenario. mira hacia arriba y dice)

Madre mía, no dejes sin comunión a estos muchachos(reparte las hostias. Más de treinta personas comulgan con seis hostias)

SACRISTÁN:

Es un milagro, de donde salen las hostias.

DON BOSCO: (Al terminar Don Bosco da gracias a Dios y luego habla conel sacristán)

Bueno sacristán, espero que no vuelvas a cometer esa clase de errores, debes siempre asegurarte que debe estar listo todo lo necesario para lasmisas. (Salen los dos)

ACTO DÉCIMO CUARTO

Entran todos los estudiantes preocupados, hablan entre ellos. Después de un corto silencio...

NIÑO 1:

Don Bosco estaba triste y cansado. Dijo que hablaría con nosotros por última vez.

DON BOSCO: (Entra despacio, es ayudado por dos sacerdotes ya casi no puede caminar, es ubicado en una silla con gran dificultad).

Hijos míos, se acerca el final de mi camino, nunca olviden las enseñanzas que los salesianos les hemos inculcado. No dejen que nuestra obra termine. Estamos ya en todo el mundo, ustedes serán las semillas, no permitan que nuestro trabajo se pierda. Todavía hay mucho que hacer porla juventud. No tengo nada que dejarles. Solo mi bendición. (No soporta yse desmaya, todos lo cogen rápido y lo llevan cargado adentro. Luego salen llorando y se arrodillan todos, pasa un médico afanado, luego un sacerdote. Todos en silencio hasta que un sacerdote entra orando)

SACERDOTE:

Don Bosco ha muerto. (Todos se sueltan en un desgarrador llanto y aparece una pintura de Don Bosco)

VOZ EN OF: Don Bosco entregó su alma al señor el treinta y uno de enero de 1888, a las cuatro y cuarenta y cinco de la tarde, la noticia se difundió por todo el mundo, más de cuarenta mil personas desfilaron ante su cadáver. Fue beatificado el dos de junio de 1919 por el Papa Pio 11. Queda pues en la memoria del mundo las grandes obras de ese niño pobre que se convirtió en un gran sacerdote y gran amigo de Dios y de María Auxiliadora, quienes nunca lo dejaron solo. Paz en su tumba y gloria a todos lo que gozaron de sus favores.

Fin

EL REINADO CÍVICO

Creación colectiva

Reinado cívico, de Samaniego, los textos y puesta en escena son de creación colectiva. Esta obra se presentó el siete de octubre en el municipio de Samaniego, bajo la dirección de Cucho Peña, con la asistencia de dirección de: María Teresa García Coral y Carlos Urresta, con el siguiente elenco:

PERSONAJES: INTERPRETES:

EDELMIRA : Mabel Montenegro

CARMELA : Melba Melo

CAMPO ELIAS BURBANO : Darío Dorado

TOBIAS RUALES : Harold Quintero

PADRE RIVERA : Harold Quintero REINA INDEPENDIENTE :Amparo Rúales

REINA HURACAN : Marelvis Álvarez

REINA ESTUDIANTES :Natalia Pantoja

MIGUEL :Cesar Benavides

CARLOS DAVID :Mauricio Urresta

TESO ESTUDIANTES :Olga Cuaces

J. INDEPENDIENTE: Dora Escobar

Yolima Ibarra Camila

Rosero, Yurani Toro.

J. HURACAN :Aracely

Melo, Johana Melo, Cesar Benavides, Sandra

David: LOCUTOR:

Sandra David

NARRADORA :María Teresita García Coral.

ESCENOGRAFÍA

En el centro del fondo del escenario, un trono a unos treinta centímetros del piso, es como un estrado donde se ubicará la muerte. En el trascurso de la obra se necesitarán una mesa, sillas, micrófonos, unos cuatro palos con los que se harán las canchas de micro fútbol.

ESCENA 1

Entra una Mujer de cabellos largos, viste una túnica, una capa y luce un maquillaje semejante al de la muerte. Sale danzando de uno de los extremos del escenario y se ubica en el trono que está ubicado en el centro del fondo del escenario en un nivel alto, y comienza a hablar con una vozmisteriosa.

MUERTE:

Todo acontecía en el cálido y dorado municipio de Samaniego, en los años de1996. Época en que sus pocos habitantes, carecían de una apropiada cancha deportiva que permita ejercer el masivo juego de fútbol. Por esta razón se practicaba este deporte en un pedazo de potrero pelado y lleno de menudas piedras de aquel terreno baldío y desnivelado. Esto constituía un gran riesgo para las tiernas piernas de los jóvenes futbolistas, que diariamente sufrían considerables porrazos y lesiones delicadas. En esta tierra samanieguense crecieron dos jóvenes equipos de futbol, a uno le bautizaron Independiente y al otro simplemente Huracán. Cada uno contaba con vasto grupo de seguidores que decidieron ser sus barras que, al parecer, estarían dispuestas a morir por su equipo. De aquí que, por eso nació entre ellos una marcada rivalidad que no era únicamente deportiva; se notaba las diferencias personales entre todos sus seguidores. Las barras altaneras vociferaban graves injurias de lado y lado. Por esa razón los equipos no solamente ganaban con goles, también con agravios y a veces hasta con golpes. Es por eso que del pasado de Samaniego desenterramos este relato, únicamente para no olvidar el pasado y no repetir los errores cometidos; sobre todo, para no volver a los absurdos enfrentamientos entre paisanos. Todo empezó un día de esos, donde el sol se tendía alegre en toda la tierra de Samaniego.(Se arrodilla y salen los demás personajes)

ESCENA 2

Entran las señoras, Edelmira del Huracán, viste un llamativo uniforme rojo y seguidamente la señora Carmela del Independiente; también, luce un uniforme, pero de color verde, entra cada una por un lado del escenario manteniendo su distancia, cada grupo ondea banderas y vociferan consignas alabando a su equipo y deshonrando, al contrario:

CARMELA:

Huracán, huracán, come mierda, con un pan.

EDELMIRA:

Independiente, independiente, como mierda, con un diente, Se ubican las dos mujeres desafiantes en la parte de atrás del escenario, separadas, una ala izquierda y otra la derecha, hacen mímica y gestos desafiantes, cargan banderas con las que juegan y hacen figuras como si fueran bastoneras, agitan sus consignas, y hacen sus piruetas.

Entra un personaje que es el árbitro, se ubica en la mitad del escenario, convertido en cancha de fútbol, mira el estado imperfecto del prospecto de cancha, levanta los hombros como con resignación, se para en el centro arriba del escenario en el medio de las dos mujeres, cerca donde está la muerte, y toca el silbato para que entren los equipos.

Entran trotando cuatro jugadores del independiente, con su respectivo uniforme, se ubican a un lado del escenario, dando el perfil al público, hacen calentamiento como si se prepararan para boxear. Luego entrar el otro equipo con la misma actitud desafiante, se ubican al otro extremo del escenario, también se preparan o calientan su cuerpo como si fueran a boxear.

Cada equipo se reúne al mismo tiempo, en un círculo y gritan: Independiente, el independiente y huracán el huracán. El árbitro, mira la cancha se ubica en el centro y luego suena su silbato llamando al centro de la cancha a los capitanes de los dos equipos.

ÁRBITRO:

Señores jugadores, por favor juego limpio, no acepto ningún tipo de agresiones, insultos y atropellos, entendido. Ahora vamos a sortear la cancha, y que tengan mucha suerte señores que gane el mejor.

Tira la moneda al aire la coge antes de caer, el árbitro señala a los equipos donde les toco, luego se ubica delante del trono donde está el narrador, suena el silbato y se inicia el partido. El Juego lo hacen en cámara lenta, que solo se rompe cuando meten un gol, gritan eufóricos y luego vuelve a la cámara lenta, Cada equipo hace una jugada y mete un gol, luego, un jugador se lesiona gravemente por tal razón el árbitro suspende el partido.

ARBITRO:

Suficiente, en esta cancha no se puede jugar. No hay garantías de seguridad para los jugadores. Se suspende el partido. Por favor lleven almuchacho al hospital por urgencia

Salen todos, únicamente se quedan en el escenario Carmela y Edelmira.Que ya han bajado sus ánimos de Guerra.CARMELA:

Qué lástima que nuestro chiquillo se haya golpeado, pobre muchacho.

EDELMIRA:

¿Qué vamos hacer?, en esta cancha ya no se puede jugar, está llena de puros huecos y pura piedra, así los chiquillos se van a quebrar las patas,tenemos que hacer algo.

En esos momentos pasa el padre y ellas lo llaman, con unos gritos casi desesperados.

CARMELA:

Padrecito Rivera, padrecito Rivera.(El padre que está a los otros extremosse detiene, las mira y se acerca a ellas)

PADRE:

Buenas tardes hijas mías cómo están, ¿pero cuéntenme que es lo que lesacontece, que las veo angustiadas?

EDELMIRA:

Fíjese nomas padrecito, que el chiquillo de doña Carmela, que estaba

jugando futbol con el equipo del independiente, se cayó y se fracturó unapata, porque mire padrecito esto no es una cancha es un potrero peladolleno de puriticas piedras y huecos.

PADRE:

Hijue puchica, ¿pa' donde se llevaron al chiquillo?

CARMELA:

Fíjese padrecito, como le dije casi se quiebra una pata y parece que tienen que echarlo a Pasto.

PADRE:

Este problema debemos solucionarlo de inmediato, de lo contrario todoslos muchachos que juegan se van a quedar sin patas, es menester que nos reunamos los dirigentes de cada equipo, para ver lo que se puede hacer.

CARMELA:

Bueno nosotros tenemos a Campitos Burbano, él es nuestro

líder y representante, voy deprisa a informarle lo acontecido y lo llevo a la reunión.

EDELMIRA:

Pos nosotros también tenemos nuestro dirigente que es don Milciades Díaz.

PADRE:

Entonces hagamos lo siguiente, dentro de unos diez minutos nos encontramos todos en la sacristía, para que hablemos del asunto.

LAS DOS:

Está bien padrecito como usted diga vamos a buscar a los líderes y allá nos encontramos. Hasta luego padrecito. (Salen todos)

ESCENA 3

En la sacristía. el padre arregla las sillas para los visitantes, se arrodilla y ora en silencio, llegan los invitados y entran: Don Campo Elías Burbano, Milciades Díaz, Carmela y Edelmira.

TODOS: (saludan al padre)Buenas tardes padrecito.

PADRE:

Buenas tardes hijos, sigan, sigan, todos.

CARMELA:

Aquí están padrecito, Don Campo Elías Burbano y Don Milciades Díaz, para que hablemos de lo que podemos hacer por el bien de los muchachos futbolistas. (El cura saluda a los dos y los bendice)

PADRE:

Hijos e hijas mías, esta reunión es con el objeto de ver qué vamos hacer para que los muchachos tengan una canchita adecuada, donde puedan jugar al fútbol sin maltratarse, y no corran tantos riegos de partirse las piernas. Así que vamos a pensar entre todos qué se puede hacer.

Se levantan todos, se pasean de un lado a otro, muy pensativos. CARMELA: (se detiene mira a los demás)Se me ocurre algo.

TODOS: (Todos se le acercan)¿Qué…?

CARMELA:

No, no, eso no puede servir.

Se pasean de nuevo todos muy preocupados.

EDELMIRA:

¡Ya lo tengo!

TODOS:

¿Qué?

PADRE:

¡Que se te ocurrió!

CARMELA:

Tenemos que comprar un lote, que tenga las condiciones necesarias para hacer la cancha.

EDELMIRA:

Esa es una excelente idea.

CAMPO ELIAS:

Pero donde conseguiremos un lote bueno para la cancha.

MELCIADES:

Las señoritas Bastidas, que vive del otro lado del pueblo, venden un terreno, sería de preguntar si sirve. Claro que dicen que lo vende en 80 mil pesos.

CARMELA: ¿Ochenta mil pesos?,

está como muy caro.

PADRE:

Además, ¿cómo podemos reunir ese montón de plata?

EDELMIRA:

Carmela, no seas cobarde, compañerita si es necesario todos venderemos hasta esas empanadas que voz haces, y nosotros hacemos rifas, bailes, fiestas. Todo lo que podamos hacer para conseguir esa plata.

CAMPO ELIAS:

Ya no discutan más señoritas, seguro que si todos nos ponemos de acuerdo, seguro que si podemos reunir la plática que se necesita.

MELCIADES:

Podemos organizar un reinado, eso nos permitiría ganar mucha plata.

PADRE: (Mirándolos fijamente)

Puede ser, pero eso sí, sin borrachos, sin muertos, sin peleas, sindescarriarme a las ovejas, de lo contrario no tendrán mi permiso.

CARMELA:

¡Claro! un reinado es lo mejor, es seguro que nosotros nos lo ganamos, porque, valga decirlo, tenemos, en nuestro grupo, unas chiquillas bien bonitas.

CAMPO ELIAS:

Señoras, no será exactamente un reinado de belleza, será reinado, pero para recolectar fondos. Así que, la reina que más plática reúna será la ganadora.

EDELMIRA:

Claro, por esa razón escogeremos varias candidatas porque entre más tengamos más plata recogeremos: la del huracán, del independiente y digámosles a los estudiantes que también nombren su reina y ayuden a lacampaña.

PADRE:

Bueno, entonces no se diga más organicen ustedes todo lo que se necesita para el reinado, tienen mi permiso y bendición, pero les advierto, sin violencia y sin atentar contra la moral de los fieles. Que Dios los bendigay hasta luego. (Salen todos)

ESCENA 4

Están en la sala, casa del Señor Tobías Rúales, entra la niña con una mochila llena de libros y unos cuadernos en la mano, dispuesta a estudiar, se sienta en la sala, empieza a leer un cuaderno. En eso tocan la puerta, dos veces, desde adentro Tobías grita.

TOBIAS:

Amparito, ¿que no oye? Que golpean la puerta.

AMPARO:

Si papá, pero estoy estudiando.

TOBIAS: (Sale de adentro de la casa)Todo me toca a mí. Ya voy, ya voy.

CAMPO ELIAS: (Abre la puerta)

Buenas tardes Don Tobías, Como está.

TOBIAS:

Buenas tardes Don Campitos, es un gusto tenerlo en esta casa, siéntese. Cuénteme, ¿qué lo trae por acá?

CAMPO ELIAS:

Don Tobías, yo venía por pedirle un gran favor, hago esto en nombre de nuestro gran independiente. Campo hace silencio al percatarse que Amparito está escuchando muy atenta, y le hace señas a Tobías para que el saque de la sala, o la mande a hacer algo.

TOBÍAS:

Amparito hijita, no quieres ir a la cocina a traernos unos cafecitos, a Don Campo Elías y a mí.(Amparo los mira y un poco desconcertada sale)

TOBIAS:

Ahora sí, mi querido amigo, ya nadie nos escucha, cuénteme en que le puedo ayudar a mi amado equipo independiente.

CAMPO ELIAS:

Pues es un asunto muy importante, Como usted debe estar enterado, en el último partido de fútbol que hubo, uno de nuestros chiquillos se desgarró la pierna al caerse en la cancha, por las pésimas condiciones que esta. Por esa razón decidimos reunirnos con el padre Rivera y con esos huracanes, y con todos acordamos hacer un reinado para reunir una plática, para poder comprar un lote para hacer una verdadera cancha de fútbol; por eso, entre todos los seguidores del independiente, decidimos pedirle a usted que nos preste a su hijita, la Amparito, para ponerla como candidata al reinado y así podemos ganarles a los huracanes. (En eso Entra Amparito con una taza de café, ellos hacen silencio, ella los mira, les sirve y sale.)

TOBIAS:

Caramba, Don Campitos, esos reinados a mí poco me gustan, Pero explíqueme y mi niña que tiene que hacer.

CAMPO ELIAS:

Usted no tiene que preocuparse por nada Don Tobías, ella solo tiene que estar presente en las fiestas, en los bazares y ayudarnos a promocionar las rifas que vamos hacer. Claro todos los del independiente la vamos acompañar, es más, usted también tiene que acompañarnos, porque todoesto es por nuestro amado equipo independiente. Así que nada malo le va a pasar a su hija, todos, la vamos a cuidar mucho, tenemos claro que todavía es una niña, que apenas llega a los dieciséis abriles y quizá ni novio ha de tener, ¿verdad?

TOBIAS: (Piensa) Bueno, tratándose del independiente mi equipo del alma, voy aceptar. Yo presto a mi hija. Pero con la condición de que yo voy a todas las fiestas conella.

CAMPO ELIAS:

Por su puesto Don Tobías.

TOBIAS: (Grita)

Amparito, Amparito, hija.(Entra Amparito un poco asustada)

AMPARO:

Diga usted papá. ¿Qué se le ofrece, le traigo más café?

TOBIAS:

No, no hija, escucha bien lo que te voy a decir, tiene que alistarse porque desde este momento, usted es la candidata del independiente al reinado que se está organizando para reunir fondos, para comprar un lote para la cancha de fútbol, porque todos los del independiente la han elegido a usted.

AMPARO: (Asustada)No papá cómo se le ocurre yo no puedo, no tengo tiempo, tengo que estudiar mucho.

TOBIAS:

Hija, es que ya me comprometí y he dado mi palabra, a Don Campitos, así que le toca sacrificarse mija, ser la candidata y luego reina.

AMPARO: Y qué se supone que tengo que hacer papá.

TOBIAS:

Escuche hija que Don Campitos nos va a explicar.

CAMPO ELIAS:

Vera niña Amparito, usted es nuestra candidata para ser reina, lo que tenemos que hacer es reunir la mayor cantidad de platica, porque la reina que más plata reúna será la ganadora, además la totalidad de plata que se reúna, será destinada para comprar un lote para hacer la cancha de fútbol. Tenemos que hacer festivales bailables, rifas, bazares, ventas de empanadas, usted simplemente nos acompaña a todos estos eventos. Claro con Don Tobías para que no tenga miedo y no se preocupe que nosotros también la cuidaremos.

AMPARO:

Pues si usted papá ya dio su palabra, no tengo otra salida, yo haré lo queusted diga. Qué más me toca.

TOBIAS:

Si hija, así es, tienes que obedecer a tu padre, que será por nuestro bien.

CAMPO ELIAS:

Muchas gracias Don Tobías, Amparito la felicito, hasta luego.(Ella les da la mano no muy contenta y salen)

ESCENA 5

Entra Amparito un poco nerviosa mirando por la ventana, como si esperaraal alguien.

AMPARO:

Ya debe estar llegando el Carlos David, y ahora como le cuento lo del reinado, semejante celoso y odioso que es, virgen santa y ahora que irá a pasar. Parece que ya llego. (Hace como si sacara la mano por la ventana, le hace señas con un pañuelo y lo llama)

AMPARITO:

Carlos, Carlos ven, ven. Ya te abro la puerta. (Le abre la puerta y entra)

CARLOS:

¡Hola Amparito!, cómo estás, te esperaba desde hacía tiempo, porque no salías rápido, que pasó y dime, ¿qué hacía Don Campo Elías aquí?

AMPARO:

Es que estaba hablando, con mi papa, vinieron a pedir permiso para que yo sea la candidata del independiente para un reinado que van a organizar ymi papá dijo que sí.

CARLOS: (Enojado)Como, ¿tu reina?, ¿eso dijiste, y de qué?(Ella trata de abrazarlo yél se aleja)

AMPARO:

No te enojes, todo esto es para recolectar plata para comprar un lote, parahacer la cancha de fútbol del pueblo.

CARLOS:

No, no, Amparo, yo no estoy de acuerdo, eso es para que tu andes con borrachos, que te manoseen y andes todo chisparosa por todo lado, yo noquiero que seas reina de nada.

AMPARO:

Es que mi papá prácticamente me obliga, yo no puedo desobedecerle por favor amor mío, trata de entender, además mi papá me va acompañar a todos partes.

CARLOS:

No, no, yo no estoy de acuerdo con eso, así que tú tienes que tomar unadecisión, te quedas con ese reinado o conmigo.

AMPARO:

Pero es que no depende de mí, no puedo decir que no, mi papá me obliga.

CARLOS:

Listo entonces, usted ya eligió, por lo tanto, yo prefiero irme y no me volverás a ver nunca más. (El sale y Amparo se queda llorando)

ESCENA 6

NARRADORA OF:

Ni el llanto, ni las suplicas de la pequeña Amparito servirían, al terco destino que ya estaba escrito, el no volvería jamás, Amparito por un corto tiempo lloró inconsolablemente cubierta de tristeza por la partida de su amado, pero todo viene y va, los quehaceres del reinado hicieron que olvidara, esa quimera, más rápido de lo que se pensaba. Por otro lado, siguiendo la rutina del reinado, cada reina con sus seguidores se dedicaba a realizar todas las actividades posibles que les de dinero.

Entra Carmela y Amparo, cargando una cantina llena de café y una pailarepleta de empanadas rellenas de carne.

CARMELA:

Amparito, con todo este montón de empanadas que logremos vender, reuniremos suficiente plata para el reinado. (Grita) ¡Empanadas!,

¡empanadas!, !empanadas!

AMPARO: (después de dar una vuelta por todo el escenario salen y luegoentran nuevamente)

Ya se vendieron todas las empanadas junto con el café, hemos reunido mucho dinero. ¡Mire!(Muestra dinero)

CARMELA:

Mi reina, no se preocupe, que, vendiendo mis empanadas,

ganaremos, así que tenemos que seguir vendiendo por todo el pueblo.

Entra Edelmira y Flor Ángela, las dos van jalando un toro, que al parecerles regalaron en una vereda, se nota en su semblante el agotamiento.

EDELMIRA:

Hay Florcita, ya no puedo más, me duele toda la rabadilla, que cansancio siente mi cuerpo, ha sido muy duro acarrear este animal hasta el pueblo, tengo lacerado, la espalda, las coyunturas, mejor dicho, todo mi hermoso cuerpo me está atormentando.

FLOR:

Yo estoy igual, doña Edelmira y no me quejo tanto, pero no podemos negar que nos fue muy bien, tenemos que vender este torete y vamos a reunir mucha plata para lograr ganar el reinado.

EDELMIRA:

No mija, para sacarle más provecho hagamos una rifa del torete, vendemos artos números. Así les ganamos a esos independientes.

FLOR:

Si doña Edelmira, pero mientras vendemos las boletas, tenemos que encargar el torete en algún lugar y darle un poco de agua, pobrecito ha de tener mucha sed y hambre igual que nosotras. Salen del escenario empujando el torete que ya no quiere caminar. Luego Entra la reina de los estudiantes, se ubica a un lado del escenario, ella también vende sus productos. Organizan el escenario para una fiesta o bazar. Entra un borracho se sienta en una mesa y beben licor, luego canta música de despecho, en eso la tesorera de una reina promociona la bailada de la reina.

TESORERA:

¿Quién quiere bailar con la reina?, a ver, ¿quién dijo yo?, a bailar a bailar que solo cuesta veinte mil pesos la bailada con nuestra hermosa reina,

¡quien!, ¡quien!

BORRACHO:

yo…yo…yo

TESORERA: (no le hace caso)A bailar A bailar.

BORRACHO:

Yo…quiero bailar…cuánto vale… Que es que mi plata no vale (saca dinerodel bolsillo)

TESORERA: (sigue ignorándolo)A bailar con la reina.

Se levanta el borracho con un poco de dificultad.BORRACHO:

Yo, yo, ¿cuánto vale la bailada?

La tesorera no le hace caso, porque está en alto grado de embriagues y la reina le hace señas que no, sigue promocionando la bailada, ignorando alborracho hasta que este se enfurece y se pone de pie y se acerca a la tesorera y le dice:

BORRACHO:

¿Qué es que mi plata no vale?, dígame cuánto vale la bailada.

TESORERA:

Bueno señor está bien, le cuesta treinta pesos la bailadita.

BORRACHO:

Aquí tiene la plata, eso no es nada para mí.

El borrachito paga y Baila descoordinado con la reina, en esos momentos entran todas las reinas, para también bailar con los que paguen por hacerlo y cuando la fiesta está en lo mejor, entra don Tobías y grita a todos:

TOBIAS:

Amparito, mija ya está muy tarde, nos vamos, esta fiesta debe terminar ya. AMPARITO: Pero papá si la fiesta está muy buena espérese otro ratico.

TOBIAS:

Son las tres de la mañana, hay que ir a dormir para mañana madrugar a misa. ¡Vámonos todos!(Salen todos y el borrachito de ultimo)

ESCENA 7

Las tres reinas entran con sus tres tesoreros, con las cajas llenas de dinero.

ANIMADORA:

Muy buenas noches querido pueblo de Samaniego. En esta noche vamos a elegir la señorita ganadora, del Reinado cívico de 1967. Cada tesorera debe sacar todo el dinero que lograron recolectar que servirá para la compra del lote, para construir la cancha de fútbol del Municipio de Samaniego. Agradecemos inmensamente la colaboración de las hermosas reinas y sus simpatizantes y en general a toda la comunidad que ha hecho sus aportes para este noble fin.

Para dar el veredicto llamamos al escenario inicialmente a la señorita. Amparo Rúales, por el Club Independiente, debe estar acompañada por su tesorero. Aplausos por favor. (Todos aplauden)Llamamos también por el club Huracán a la señorita Flor Ángela Santacruz, también con su respectiva tesorera. Aplausos por favor. (Aplauden) y para terminar la señorita Olinda Chamorro: como representante de los estudiantes. Aplausos por

favor. (Aplauden) cada tesorero empieza a contar lo que ganaron en todo el proceso.

NARRADORA:

Pero, el problema, es que las ganancias encuestadas de Huracán e independiente son casi, casi iguales, según algunos conteos.

TESORERO 1:

Tenemos diez mil pesos

TESORERO2:

Tenemos treinta mil pesos

TESORERO 3:

tenemos treinta y dos mil pesos.

NARRADORA:

Justo cuando ya se iba a dar el veredicto, apareció una señora llamada Lucita.

LUCITA: (Entra empujando a la gente)Con permisito, con permisito, yo traigo aquí una plática para mi Huracán del alma,(saca un montón de billetes y los entrega a la tesorera) yo creoque con esto es suficiente para que gane nuestra reina.

TESORERO 3:

Claro que con esto ganamos Lucita, tenemos cuarenta mil pesos. Así que hemos ganado, (se abrazan todos y salen uno felices y otros decepcionados)

NARRADORA:

Como en todo reinado que se respete, dicen los chismosos que hubo fraude, sobre todo los aficionados del Independiente. En todo caso fue coronada la Señorita Flor Ángela Santacruz, reina del deportivo Huracán, pero los del independiente sostenían que la que debía ganar era la niña Amparito Rúales. Esa noche en Samaniego hubo fiesta en todos lados, todo fue una locura, unos celebraban porque ganaron, otros porque perdieron. Al trascurrir los días todo parecía retornar a la normalidad. Se reunió el dinero de las tres reinas, que fue almacenado en una urna y seguidamente fue depositado en la Caja Agraria convencidos de que ahí estaba a buen recaudo, hasta legalizar la compra del lote para el estadio.

Por otro lado, el señor Carlos David recapacito del error de haberterminado con la niña Amparo Rúales así que después de reconquistarla contrajo matrimonio con ella. La reina Flor Ángela, tenía encantados a todos los guaicosos, suspiraban y soñaban con ella, pero la doncella se enamoró de un venidero sin gracia, decían los despechados, que lo único bueno que él tenía, era un carro, en el cual paseaba, todos los días con ella, por las polvorientas calles del pueblo en horas de la tarde. Cuentan los que saben que fue en Cali que un día como este los detuvieron y según conversan las malas lenguas el carro resulto ser robado y por eso el novio quedó detenido. De la reina no se volvió a saber nada más. Pero como buen resultado de toda esta historia, dicen los viejos que, se logró reunir el dinero suficiente para comprar el lote de la señora Victoria Bastidas, ubicado en el otro lado del pueblo, el cual, en honor a la vendedora, hoy en día, tenemos el tan anhelado estadio Municipal, llamado: La Victoria. Lo triste de esta historia, fue que mi amiga la pelona también participo y del reinado y junto conmigo nos llevamos también nuestro premio.Se baja del trono y con movimientos llama el cortejo fúnebre que empieza a desfilar, se puede apreciar, mujeres que lloran a gritos, por sus muertos, borrachitos que nunca faltan en todas partes también llorando por lo que perdieron. La narradora sale detrás del cortejo danzando,

FIN

LIMOPAMBA

Teatro costumbrista Esta obra fue de creación colectiva, los integrantes del grupo de teatro de Samaniego aportaron con ideas y borradores de textos de los que se sacó el texto definitivo, con la asistencia de dirección de Luis Ibarra y la dirección general de Chucho Peña.

Esta obra se presentó por primera vez en el municipio de Samaniego con el siguiente elenco:

Viviana Jurado, Yurany Martínez, Vicky Montenegro, Alirio Morales, Luis Ibarra, Mario Goyes, Martha Suarez, Mari luz Goyes, Lilia Molina, Gaby Hermoso, Omar Sánchez, Mili Melo, Isidro Villota. Blanca, Fidelis, Floralba Salazar, Ramón Álvarez, Francisco Santacruz, Diego Madroñero, Maribel Rosero.

ESCENOGRAFÍA

En la primera escena, el escenario es un terreno donde se siembra cosas, hay bultos de papa, cutes, canastos donde se recoge la papa.

PRIMERA ESCENA

La escena se desarrolla en un lugar donde están cosechando papas, entran cinco campesinos empiezan a trabajar cosechando papa con sus herramientas: cute. Se han Distribuido en todo el escenario, en el centro hay un costal donde todos juntan las papas que cada campesino le arranca a la tierra y la ponen en un chinde. (Canasto) Visten pobremente: ruanas y pantalones zurcidos y rotos. Los campesinos trabajan y conversan entre ellos. CAMPESINO 1: No está del todo mal la cosecha de este año, a pesar del intenso verano, que nos azotó, los guachos están cargaditos y la papa no está maltica.

CAMPESINO 2:

Si, parece que para usted está bien, pero a mí este guacho me resulto de papas muy llamuras.

CAMPESINO 3:

Y desafortunadamente a mí me toco todas las papas guatas.

CAMPESINO 4:

Bueno paisanitos pidamos al cielo que la próxima cosecha venga mejor que ésta.

CAMPESINO 5:

No se olvide que también se debe demandar, que no disminuyan los costos de la papa y que en vez de ganar unos centavos perdamos la plática que invertimos en esta cosecha.

En eso entra una campesina cargando un pilche de chicha. DOÑA FRIDA:

Buenas las tengan todos.

TODOS:

Buenas tardes doña Fridita entre pa dentro no más.

DOÑA FRIDA:

Les traje un tantico de chicha, para sosegar un poco la sed ya que no pude ayudarles en el trabajo de la cosecha.

Todos se acercan y hacen una media luna alrededor de doña Frida, que le sirven a cada uno, un mate lleno de chicha, que beben placenteramente y después de devolver el mate vacío a su dueña, regresan a su trabajo yella se va diciendo:

DOÑA FRIDA:

Bueno, mis colindantes, les deseo de todo corazón que les rinda mucho ymás tarde les traigo el almuerzo.

TODOS:

Muchas gracias doña Fridita.

Luego entra un sacerdote acompañado de una monja, se ubican los dos en el centro del escenario cerca al proscenio.

MONJA:

Hermanos campesinos, hemos venido, esta tarde, a compartir con ustedes unas palabras de aliento llenas de esperanza de nuestro hermanoel sacerdote que lucha por los campesinos.

PADRE:

En América Latina, durante la década del sesenta y setenta empezó a desarrollarse con mucha pujanza, algo que le llamaron Teología de la Liberación. Doctrina que tiene una opción clara y preferencial por todos, especialmente por los pobres y excluidos del mundo. Muchos curas y religiosos con estos fundamentos teóricos se enfocaron por construir la equidad y la justicia social en la tierra, en esto se han comprometido grandes hombres luchadores del pueblo como Camilo Torres, Valencia Cano en Colombia y otros curas y obispos de Brasil, Ecuador y Perú, poreso venimos a saludarlos e invitarlos a luchar juntos por la libertad.

LA MONJA:

Hermanos, esperamos que estas palabras hayan tenido cabida en su entendimiento y ruego que pronto nos volvamos a encontrar en mejores circunstancias. Los campesinos continúan su trabajo, de pronto un campesino que estabacosechando en el centro del escenario encuentra una olla de barro con unos huesos y objetos de oro.

CAMPESINO 1:

Compadres, milagro, milagro, vengan a ver lo que encontré, es una huaca, o un entierro. (Todos se acercan muy sorprendidos con un poco de miedo)

CAMPESINO 2: (se le acercan)

huy eso parece la calavera de un guagua, si y miren tiene narigueras de

oro, uy, si, mejor vamos y se lo mostramos al padrecito haber que dice. (Salen todos cargando la olla)

SEGUNDA ESCENA

La escena se desarrolla supuestamente en norte américa, en una sala de sesiones del gabinete norteamericano. Los actores aparecen vestidos deacuerdo al ministerio que manejan, llevan cada uno, una máscara caricaturesca del ministro. Las sillas están ubicadas en forma de herradura frente a un trono donde se sentará el presidente y su esposa.

Entra el presidente de los Estados Unidos con un sombrero de copa con los colores de la bandera gringa conversando con su mujer de lo que va a pasar en la reunión.

PRESIDENTE:

Amor mío, es nuestra obligación patriótica retomar el control del mundo, que lo estamos perdiendo poco a poco, esto es por culpa de esos comunistas endemoniados que están ganando terreno.

MUJER:

Si cariño, la situación está poniéndose complicada hay que demostrar, a la plebe, que podemos gobernar a cualquier costo.

Entran los ministros, saludan a la primera dama con beso en la mejilla y le dan la mano al presidente que se sienta en su trono, la máscara le da un aspecto grotesco, cada uno maneja su máscara resaltando la maldad de cada ministerio.

PRESIDENTE:

Muy buenas noches a todos mis queridos ministros, los he reunido en esta ocasión para que entre todos aportemos ideas que nos ayuden a la colonización de ese país llamado Colombia, que nos conviene tenerlo totalmente dominado, para así poder arrancar todas las grandes riquezas minerales que los españoles no lograron llevarse y que tienen todavía esos indios zarrapastrosos.

MINDEFENSA:

Señor presidente, yo opino, que debemos bombardear de inmediato esas tierras y expropiarlas con la fuerza de nuestro furioso ejército, así como lo hicimos con el canal de panamá y otros terrenos en siria, y en el resto del mundo, por esta razón ya tenemos listos los misiles apuntando a Colombia.

MINAGRICULTURA:

Yo considero señor, que esas tierras ser buenas para sacarles el oro, el Petróleo y el carbón, ya que el cerrejón se nos está agotando y si la bombardeamos no nos quedará nada, así que mejor antes de bombardearlas saquemos todo lo que nos puede servir.

MININTERIOR:

Mi considerar que no debemos tener consideración alguna con esagentuza y utilizar más bien el Mazón y luego la bomba atómica, esa misma que utilizamos en Hiroshima.

JEFE, LA CIA:

Los informes de nuestros agentes infiltrados en las iglesias, sindicatos y en gobierno colombiano, dicen que los campesinos se están revelando contra Norteamérica, dicen también que quieren ser libres, ya están hablando de su segunda independencia y eso no lo podemos permitir, hay que invadirlos de inmediato señor presidente, antes que se nos alebreste la chusma como en cuba

MINCULTURA:

Bueno señor presidente, teniendo en cuenta la gran espiritualidad de los colombianos y latinoamericanos, pienso que debemos aprovechar ese fervor religioso que tienen y que nosotros podemos tomar la fe como un negocio y como una forma de mantenerlos dominados sin usar las armas, así que debemos hacerles creer que en nuestras iglesias hay muchos milagros, y de eso se encargan nuestros pastores, propongo señor presidente enviar un ejército de pastores que empiece a evangelizar a loscampesinos y se adueñen de sus tierras.

PRESIDENTE:

Bueno señores, después de escucharlos detenidamente, creo que la mejor salida y más económica que tenemos es la que propuso la ministra de cultura, y para esa actividad le daremos la misión al secretario de la CIA, será usted, el que se encargue del asunto y si no resulta que preparen los misiles señor ministro de defensa.

ESPOSA PRE:

Muchas gracias señores ministros, yo estoy totalmente de acuerdo con la ministra de cultura, así que, matari, lerí, lerón, que así sea. Pero antes quiero regalarles un poquito de estos polvitos blanquitos que vienen directamente de Colombia, se llama cocaína, (todos repiten cocaína)dicen que ser muy bueno para la salud, pero no abusen solo es por poquitos, y lari lari, la…(Empieza a bailar y salen todos detrás de ella)

ESCENA TERCERA

En la oficina del director de LA CIA, el director envía a los pastores, entra el director con dolor de cabeza, por la rumba de la noche anterior, dice conmucho malestar:

JEFE, LA CIA: ¡Oh!, por esa cocaína no pasar dolor de cabeza, mi necesitar un poco más, para calmar el guayabo, la rumba de anoche estuvo muy buena, este presidente nuevo si sabe cómo disfrutar la vida y el poder. (Llama a uno de sus súbditos: ¡Evaristo!, ¡Evaristo!, entra)

VARISTO:

Sí señor, a sus órdenes, (Lo mira demacrado) a picaron se le fue la manoanoche, y que guayabito, nooo…JEFE, LA CIA:

Bueno, bueno, me respetas que yo soy el director de la CIA, y te puedo fusilar o mandarte un sicario de Colombia, pero no, no te asustes, amigo servidor Evaristo, te voy a encomendar una misión muy importante.

EVARISTO:

Bien míster. Usted dirá para que seré bueno

JEFE, LA CIA:

Tú ya sabes, que esos campesinos colombianos y sobre todo, de la vereda LIMOPAMBA, se han vuelto revoltosos, protestan; se organizan y no dejan que nuestras empresas exploten sus minerales, también están influenciando otras veredas. Eso es muy, muy peligrosos para nuestros intereses, por eso no nos conviene que siga pasando eso.

EVARISTO:

Bien. Mister. Trump, a si mismito es.

JEFE, LA CIA:

Necesitamos que esos campesinos vuelvan al camino de la derecha, se hagan sumisos y se conformen con lo que les damos. Necesitamos llevarles la contra para calmar su conciencia.

EVARISTO: Y, y, y, ¿Cuál será la contra?

JEFE, LA CIA:

Pues la contra es la iglesia divina misionera y diezmal. Y tú eres el escogido para esta misión, te entrenaremos adecuadamente para que seas ministro o pastor, además vas a hacer un buen negocio para ti. Porque la religión da mucha plata.

EVARISTO:

Ok, ok, ok Mr. Trump. Yo seré la Iglesia Divina, (ji ji ji ji). (Salen conversando, de acuerdo a como lo van a entrenar)

ESCENA CUARTA

Entran los campesinos, se sientan, cada uno, en una silla seis o siete campesinos.

CAMPESINO 1: (van dos campesinos, caminando por la calle) Recoge un papel que encuentra en el camino, lo mira cursimente y le dice a su compañero:

CAMPESINO 2:

Léelo tú porque que yo no sé qué es lo que dice, no sé leer.

CAMPESINO 2: (deletreando)

Se – in – vi – ta - a – re – u - ni - on - de - fe y milagros a las siete p. m. sa -lón - co - mu nal.

CAMPESINO 1:

Eso sí que está bueno, tendremos que ir todos, parece que por fin diosito ya nos ha escuchado y seguro nos hace el milagrito que necesitamos, vamos, tenemos que avisar a todos los del pueblo.(Se van rápido casi corriendo a la reunión)

ESCENA QUINTAPREDICADOR EN LIMOPAMBA

Entran los siete campesinos se acomodan en las sillas, se hincan y empiezan a orar. En eso entra el pastor y al mirarlos de rodillas dice como para sí mismo tapándose la boca y riéndose casi susurrando.

PREDICADOR:

Ajajay a si queremos verlos de rodillas hermanitos y hermanitas. Sean felices porque ha llegado a Limopamba la luz Divina, la salvación a su sufrida alma.

TODOS:

Amen. Amen.

PREDICADOR:

Queridos hermanos, en esta oscuridad les traigo la luz del Señor, hermanas y hermanos.

TODOS:

Amen, aleluya por la Luz Divina.

PREDICADOR:

Aleluya, por la luz que este humilde misionero les trae. He recorrido esta región de extremo a extremo y me he dado cuenta de que aquí falta algo muy importante para poder salir de la miseria en que viven, y sé que ustedes también se han dado cuenta de que aquí en Limopamba falta algo ¿verdad? Sí o no.

TODOS:

Siiii. Falta mucho.

EVARISTO:A ver hermanos digan ustedes. ¿Qué falta en Limopamba?

PAISANA 1:Aquí falta un centro de salud para curar a los pobres enfermitos.

PAISANA 2: (levanta la mano)Sí hermano. Usted tiene razón, aquí lo principal que nos falta no es el Centro de Salud, aquí lo que falta es la Escuela para educar nuestros hijos.

PAISANA 3:

Aquí falta arreglar la carretera para sacar nuestros productos a la ciudad.

PREDICADOR:

Noooooooo, no, no, no, no y nooo. Dios,(al público) dame paciencia con este pueblo perdido, hundido en las cosas mundanas. Me tocará a mí decirles qué es lo que les falta. ¿Tengo que decirles que es lo que les falta? Pues les diré, Dios. Ilumina mis palabras para decirles de la mejor manera lo que les falta. Pues bien, fieles de Limo Pamba lo que les falta aquí es; fe, fe, ¿oyeron?, así que no deben pensar en otras cosas, protestas y cambios en el gobierno, pierden su tiempo, sin fe, se mueren, se pudren y se vanderechito al infierno. Repitan conmigo (con las manos en alto) ¡Aquí falta fe!

TODOS: (Con las manos en alto)

¡Aquí falta fe!

EVARISTO:

¡Aquí falta fe!

TODOS: (Con las manos en alto, como adorando al sol)

¡Aquí falta fe!

Todos Hablan al mismo tiempo como si estuvieran discutiendo eufóricamente.

EVARISTO: (Los apacigua y calma la bulla y el murmullo)Calma hermanos, calma.(Llama a un viejito de los asistentes)

PREDICADOR:

A ver hermanos, (señala al anciano) tu venerable anciano arrugado y desdentado por los años, ven aquí (una mujer lo ayuda a pararse y acercarse al pastor casi cayéndose) dime ¿qué falta en Limopamba?

VIEJITO:

Aquí falta café, si café.

EVARISTO:

No, no anciano decrépito, aquí falta fe, fe, no café.

PAISANA 3:

A ese pobre viejo no le falta la fe, sino los dientes y orejas, para que pueda escuchar.

EVARISTO:

No te preocupes honorable longevo desmolado, ahora mismo vas a conocer y experimentar lo que puede hacer la fe. Vas a ver el poder de Dios, y ustedes van a ver en este pobre anciano al que le faltan todos los dientes y los va a tener, no oye, a hora va a oír. (Lo sujeta de la cabeza lo

zangolotea de un lado para otro, y dice) El cielo es generoso hermano, muy generoso, porque no te dará frágiles y quebradizos dientes de leche, No, no, no. Ni tampoco esos dientes podridos y quebradizos que se te han caído. Tus dientes serán de oro, me escuchas de oro. En nombre del señor Jesús, yo te curo de tu enfermedad. (Le pone la mano en la cabeza y sigue zangoloteándolo). Concéntrate hermano, concéntrate, siente el Espíritu de la fe, siente el calor Divino, Ya viene el rayo divino. Ya viene y llegó.

VIEJITO: (asustado)Calor, si, si, si, calor.

EVARISTO:

Ya llega, ya llegó, el espíritu del cielo le ha dado a este pobre anciano, el milagro se ha consumado, (muestra al público la boca del anciano)miren creyentes, esta hermosa dentadura de oro, contémplenla. ¡Mírenla!

VIEJITO: (sonriente muestra la mueca)

Todos miran al anciano y se miran entre ellos desconcertados, al ver que elanciano sigue sin dientes.

EVARISTO:

Ahora hermanos agradezcamos al cielo, al espíritu santo, por este regalo."Bendita sea la luz Divina, Bendito sea Dios".

TODOS: (Murmullos, asombro, burlas, descontentos)

EVARISTO:

¿Qué pasa hermanos, Qué pasa?

PAISANA 1:

Hermano, es que aquí no se ve ninguna dentadura de oro, ni siquiera de esos dientes de pasta que hace la Teresita.(dentista del pueblo)

EVARISTO:

¡Claro! tú no miras, pecadora empedernida… y seguramente muchos de

ustedes tampoco pueden ver esta hermosa dentadura de oro fino, porque únicamente la logran ver aquellos que tienen fe. Todos los pecadores están ciegos porque el pecado no los deja ver lo que Dios les regala.PAISANA 1:

Quizá sea pecadora, pero no soy pendeja, este pobre viejo no tiene ni undientico, mírenlo todos, su boca está más pelada que la panza de un sapo.

EVARISTO: (señalándola y de rodillas)

Abominación, o Dios perdónala y perdónanos a todos los pecadores, al infierno irás a caer de cabeza (se asustan los presentes) por desconocer los milagros del Señor. Si no te arrepentís el Diablo los cogerá por las greñas y a la paila mocha los echará.

Se hace silencio los campesinos se miran entre sí, uno se acerca al anciano y encogiendo los hombros como resignándose dice:

CAMPESINO 3:

Pues tal vez sí, parece que tiene dientes. (Les dice a los demás mientras elpredicador sigue de rodillas)Hermanos, si, miren que si tiene dientes.

TODOS:(Se miran y levantando los hombros) Repiten. Si tiene dientes, milagro, milagro.

EVARISTO:

Se levanta del piso sonriente, Bueno hermanos y hermanas, ya saben del poder de Dios, pero el Señor también quiere ver su generosidad. Así como el cielo ha sido generoso con este anciano y lo será con ustedes, solo pidan y se les cumplirán sus deseos, el Señor será muy generoso con ustedes, claro si ustedes lo son con él.(El predicador pasa una talega de esas de cernir café para que un hermano recoja los aportes,) Sean ustedes generosos con este pobre misionero que ha traído la luz divina a Limo Pamba.

PAISANA 1: No se diga más Señor misionero, voy a reparar mi pecado, ya

tengo fe. A hora ya veo más claro el milagro, y por eso ahora soy capaz de vaciar mi bolsillo, animar a mis vecinos que den su aporte generoso.

Todos Simulan sacar Dinero y lo echan a la talega, pasa la gorra por todos y simulan echar dinero.

PAISANA 1:

Qué bueno señor pastor, la talega está repleta de monedas y billetes y de los morados, mire nomás ¡Cuánto billete!, mire...(le muestra la talega)

PREDICADOR:(toma la talega la mira por todos lados le da vuelta)pero hermana, aquí no hay nada, la talega está vacía.

PAISANA 1:

Cómo que vacía, No ve cuanto billete hay, (pregunta a todos) ¿Cierto hermanos que está llena?

TODOS: (Todos mueven la cabeza afirmativamente) Siiii, está llena.

EVARISTO:

¡Pero hermanos si esta talega está vacía!

PAISANA 1:Hermano misionero, lo que pasa es que estos billetes únicamente pueden verlos los que tienen fe.Todos se ríen tapándose la boca al público. En esos momentos entra el gringo presidente.

PRESIDENTE:

Buenas tardes, a todos los columbianos.

CAMPESINO 2:Y este man quien lo llamo, quien es.

PRESIDENTE:

o, o, mi ser presidente de Norte América, la tierra de los sueños, de la libertad.

CANPESINO 2:

Y usted qué viene hacer a Samaniego.

PRESIDENTE:

¡Ho!, ¡Ho! mi enterarse que ustedes no creer mucho en nuestro pastor, entonces mí, decir yo llevar una cosa muy importante a los colombianos que les cambiar toda la vida.

CANPESINO 3:

Si, ¿y qué cosa nos ha traído?

PRESIDENTE:

¡Oh!, ser algo genial, un invento nuestro, tu serrar los ojos y no hacer trampa, solo abrirlos cuando yo decir.

CAMPESINO 3:

No compañeros, no cierren los ojos, seguramente este gringo nos va a robar lo poco que nos queda, o posiblemente nos vaya a secuestrar.

PRESIDENTE:

Jajá, que chistoso ser tú, mi no robar nada, mi traer regalo.

CAMPESINO 4:

Bueno cerremos los ojos solo por un rato, pero no olvide mi gringuito, que lo estamos mirando con el rabo del ojo, por si acaso.

Cierran los ojos y el gringo saca de un bolso una botella de coca cola.PRESIDENTE:

Ahora ya pueden abrir los ojitos.

Los campesinos miran al gringo que ha hecho una pose como la estatua de la libertad mostrando la coca cola.

CAMPESINO 1:

¡Uy! manitos ya se entiesó el gringo este.

CAMPESINO 2:

Pero está muy bonita la estuata.

PRESIDENTE:

Este es el producto que reina el mundo se llama coca cola.

CAMPESINO 1:

A nosotros no nos interesa su coca cola, nosotros tenemos lagos y ríos.

PRESIDENTE:

¡Oh!, no, no, eso lagos y ríos esta llenos de microbios e

infectados con glifosato, los mineros echarles mercurio para sacar el oro.

CAMPESINO 3:

Para que nos va a servir esa coca cola.

PRESIDENTE:

¡Ah!, ya, mi explicar, mira tú destapar y salir mucha espuma, y burbujitas mirar, mirar, (al público para que los campesinos no lo oigan) y eso ayudar a embrutecer más al pueblo, para nosotros llevarnos el petróleo.

CANPESINO 4:

Mire don Gringuito, nosotros ya no vamos a dejar que vengan aquí y se roben nuestras riquezas y nos traigan porquerías.

PRESIDENTE:

¡Oh!, tu estar muy agresivo, paz, paz, nosotros ayudar a firmar la paz para que esos guerrilleros nos dejen traer el progreso de la coca cola y ustedes no dejarnos, entonces mi traer misiles y los Marinos Norteamericanos

CAMPESINO 4: (Enojado)

Miren compañeros, o sacamos a estos gringos ahora o nos invaden y seroban todo lo que tenemos y nos dejan viringos.

TODOS:

¡Fuera gringos de Colombia!

PRESIDENTE:

La cosa estar poniéndose difícil, mejor yo buscar pon donde volarme deestos indios que no dejan entrar la civilización.

CAMPESINO 2:

Civilización es lo que le vamos a dar al gringo ladrón. Todos se arman de picos palos y palas y van a pegarle al gringo que sale corriendo y los campesinos atrás.

Fin

JESUS ARMANDO PEÑA CORAL

(CHUCHOPEÑA)

Nació en la Ciudad de Pasto. Nariño Colombia,

Poeta Narrador y Dramaturgo, Magister en Etnoliteratura

Licenciado en Arte Dramático de la Universidad del Valle.

Técnico en Diseño Gráfico. HA DIRIGIDO: Taller tinta Universidad Mariana, Taller de Escritores del magisterio de Nariño. Director y Fundador de la Fundación Alturas Teatro. Director de la Revista Amauta de SIMANA. Director de la Revista Canto y Greda N0- 11, Director escuela del carnaval, HA PUBLICADO LOS LIBROS: Borrascas, Poemas 1999, Hilando Versos, Poemas 2003, Trocha de Versos, Poemas 2007, Piel de Luna, Poemas 2010 Carnaval de Piel y Papel, Poemas 2012, El Pintor de Mariposas y otros Cuentos 2012, Alma de Papel, Poemas 2013, Versos gitanos 2013, Llanto de invierno 2015, Mariposas Andinas 2017, En Día Muere Temprano, Novela. Ha sido incluido en las siguientes antologías: Antología de Poetas y Narradores de Nariñenses (2003). Antología de Poetas en Homenaje a Aurelio Arturo. Fue columnista del periódico AL DÍA. Sus escritos aparecen en Periódicos y Revistas a nivel nacional e internación, Fue docente de diferentes instituciones educativas en artes y literatura.